Quick MoneyWorld「投資の教科書」

株式会社QUICK 編
辰巳華世 著　荒木 朋 著
片岡奈美 著　吉田晃宗 著

最初からそう教えてくれればいいのに！

投資の
ツボとコツが
ゼッタイにわかる本

秀和システム

●**注釈・免責事項**

・QUICK Money World（クイックマネーワールド）は、日本経済新聞社グループの金融・経済情報サービス会社であるQUICKが運営する個人投資家向け情報サイトです。QUICKは金融業界をはじめ、事業会社、官公庁など、様々な「プロフェッショナル」向けに、公正・中立な立場から情報を届けてきました。QUICK Money Worldは、プロ向けに提供していた情報の一部を、個人投資家に提供するものです。

・本書に含まれる情報（以下「本情報」）のうち、著作権などの権利性を有するものに関する一切の権利、表示する画面に係わる著作権、ならびに使用される商号および商標に関する権利は、QUICKまたは当該本情報の提供元（以下「情報源」）に帰属します。本情報は、利用者ご自身でのみご覧いただくものであり、本情報についての蓄積・編集・加工・二次利用（第三者への提供など）を禁じます。

・本情報は、特定の銘柄などについての投資勧誘を目的としたものではなく、投資判断の最終決定は、利用者ご自身の責任と判断において行ってください。本情報の内容については信頼できると思われる各種情報、データに基づいて万全を期して作成していますが、その内容を保証するものではなく、本情報によって生じたいかなる損害についても、その原因の如何を問わず、QUICK及び情報源は、一切責任を負いません。本情報の正確性および信頼性を確認することは、QUICK及び情報源の債務には含まれておりません。

●**注意**

(1) 本書は著者が独自に調査した結果を出版したものです。

(2) 本書は内容について万全を期して作成いたしましたが、万一、ご不審な点や誤り、記載漏れなどお気付きの点がありましたら、出版元まで書面にてご連絡ください。

(3) 本書の内容に関して運用した結果の影響については、上記(2)項にかかわらず責任を負いかねます。あらかじめご了承ください。

(4) 本書の全部または一部について、出版元から文書による承諾を得ずに複製することは禁じられています。

(5) 本書に記載されているホームページのアドレスなどは、予告なく変更されることがあります。

(6) 商標

本書に記載されている会社名、商品名などは一般に各社の商標または登録商標です。

日経平均株価は日本経済新聞社の著作物です。

QRコードは株式会社デンソーウェーブの登録商標です。

(7) 本書の内容は、2024年11月時点の法令、通達等に基づくものです。出版後に法令、通達等の改正が行われることがありますのでご注意ください。

はじめに

　2024年1月に新しいNISA（少額投資非課税制度）が始まり、日経平均株価が史上最高値を更新するなど、投資・資産運用に対する注目度が一段と増しています。日本証券業協会の調査では、2024年6月末時点でNISA口座数が2400万口座を超えました。投資を始めたばかりの方も多いと思います。

　日本経済新聞社グループの一端として、QUICK Money Worldという個人投資家向け情報サイトを運営するなかで、個人投資家のお話を聞くことがあります。2020年ごろのコロナショック前後からNISAを使って資産運用を始め、運用が成功している方が増えていますが、相談や悩みは共通しています。

　ひとつは「これまではNISAを活用した『積み立て投資』で世界株式に分散投資する投資信託を買い続け、資産運用はある程度うまくいっている。投資に対する自信がついてきた。次は、もう少しリスクの高い個別株式投資に進みたいが、個別株式投資には、国際分散×積み立て投資のようなわかりやすい王道手段が見当たらない」というものです。

　確かに、NISAを活用している投資家の間では、手数料の低い投資信託で国際分散投資をする運用がブームのように見えます。そこから個別株式投資に手を広げるとなると、勝手は違います。というのも、これまではプロに任せていた投資対象の選別を、自分でする必要があるためです。

　もうひとつは、「このままの資産運用を続けていいのか？　そろそろ株式投資を縮小したほうがいいのではないか？　その判断軸がわからない」というものです。日本株だけを見ても、相場は順風満帆とは言えません。2024年7月に史上初の4万2000円台まで上昇した日経平均は、同じ年の夏場に急落する場面がありました。株式相場の長期上昇トレンドは転換するのか、継続するのか。判断が難しいところです。

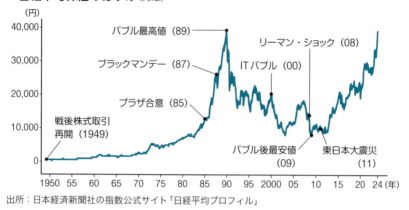

▼日経平均株価のあゆみ (月足)
出所：日本経済新聞社の指数公式サイト「日経平均プロフィル」

　本書は、以上の疑問の解消をサポートするために、QUICK Money Worldで掲載している記事・情報をベースにしつつ、大幅に加筆して書籍化したものです。

個別株式投資に立ち向かう

　個別株式投資はなぜ難しいのか。それは、企業という「ブラックボックス」を、自らの力で解析・分析していく必要があるためです。そこが面白さでもあります。

　企業は、投資家や銀行などがお金を投じると、それをインプットとして売上高や利益というアウトプットを出してくれる「魔法の箱」のようなものです。企業という箱の中では、投じたお金を使って、売上を生み出すための**資産**（たとえば工場や原材料）を買ったり、人材を雇用したりします。その資産や人材が生み出した商品・サービスが顧客に受け入れられ、対価が支払われると、売上高になります。

　さらにこの売上高がどう配分されるのか、というのも、実はブラックボックスになっています。売上高から、従業員への給与、取引先への支払い、銀行への利息、税金といった様々なコストを差し引いた**純利益**というものが株主＝株式投資家の取り分になります。ただし、このうちの多くは、**利益剰余金**という形で企業の次の成長のための投資（インプット）に回され、残りが**配当**として株主に配分されます。この流れのなかで、何が株主にとってのリターンなのか、という点をしっかり理解しなければ、話が進みません。

企業はものすごいパワーを持っています。最初のインプットの何十倍にも成長することもあります。この成長を自分の金融資産に取り込むためには勇気を出して投資をする必要があり、そのためにはブラックボックスの中身をある程度、分析し、見える化する必要があります。

　見える化のために、企業は様々な情報の開示が義務付けられています。代表的なものが「有価証券報告書（有報）」と「決算短信」でしょう。有報や決算短信では、企業活動の成果である**業績**を様々な側面から開示しているので、ブラックボックスで何が起こっているのかを、ある程度読み解くことができます。業績の読み方については、第2部4章で説明します。

▼企業と開示情報の全体像

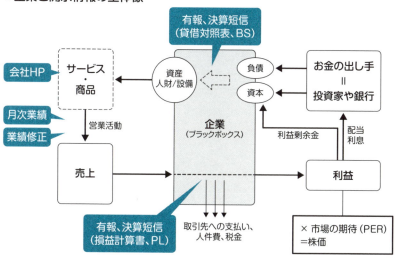

　株主の取り分である利益がそのまま株価につながるかというと、実は違います。株価は、利益（一株当たり）に、株式市場の「**期待**」を掛け合わせたものだと言われています。PER（株価収益率）など、この期待を測るための指標については、第2部5章で解説します。

　加えて、企業活動と株式市場の期待は、**外部の経済環境**に左右されます。代表的なものが景気や金利、外国為替レートです。これは日々、ニュースや解説記事などを読みながら考えるしかありません。考え方のヒントを、第3部で紹介します。

業績、期待、外部環境を受けて、株を買いたい人と売りたい人のバランス（**株式需給**）が変わり、株価が決まります。この株価の動きそのものから何らかの情報を読み取ろうとするチャート分析手法もあります。第2部6章で触れます。

以上の分析は、代わりに調べてくれた誰かが、皆さんに教えてくれるかもしれません。証券会社の営業員やアナリストかもしれませんし、インターネット上のSNSかもしれません。ただ、投資は自己責任なので、失敗しても教えてくれた誰かの責任にはできません。

企業分析は、社会経済勉強の最高の教材です。その第一歩として、開示されている情報量の多い上場企業の分析から始めるのは、私たちとしてはおススメです。ぜひ挑戦してみてください。

本書の構成・読み方

　本書はまず、資産運用全般の基本的な説明から入ります。そこでは、投資・資産運用を健全に続けてもらうための「考え方」をお伝えします。そして、「個別の株式投資はやったことがない」という方に向けて、おおまかな「投資の地図」を提供することが目的となります。本書でお伝えすることは、株式投資を実際に始めるときに最低限、知っておくべき基本事項について、幅広く整理したものになります。実際に企業分析やチャート分析をする場合、本書の記載だけでは物足りなくなってくるかと思います。その時は、QUICK Money Worldや日本経済新聞、その他の投資情報サイト・書籍なども活用すると、本書の知識をベースに理解を深められると思います。そのため、各所に関連するQUICK Money WorldのページへのQRコードを掲載しています。

　本書は大きく3部構成となっています。第1部では投資と金融商品の基本的な話をします。第2部では株式投資について深掘りしていきます。第3部では実際に投資・資産運用をするうえでのポイント、応用的な知識をお伝えします。

　第1部の第1章では、資産運用と投資についての考え方をお伝えします。これは私たちの定義となりますが、「資産運用」とは何らかの人生の目的のために金融資産を増やすことを指し、その手段の一つが「投資」であり、さらにその手段の選択肢として、株式や投資信託など様々な「金融商品」がある、と考えています。第2章では、様々な金融商品の特徴についてお伝えします。

　第2部では株式投資の基本についてお話します。第3章はまず、株式市場とはどういうものかを説明します。第4章では企業業績入門、第5章では投資指標入門、第6章はチャート入門ということで、個別企業を調べる際に最低限、知っておくべきポイントをお伝えします。

　最後に第3部では、実際に投資を始める際、始めたときに考えること（第7章）や、外部環境が株価に与える影響（第8章）について、解説しています。

　本書が、手に取った皆様の投資への興味を高めるきっかけになると幸いです。

QUICK Money World

最初からそう教えてくれればいいのに！

投資のツボとコツがゼッタイにわかる本

Contents

はじめに 3
 個別株式投資に立ち向かう 4
 本書の構成・読み方 7

第1部　投資と金融商品の基本

第1章　投資の考え方を知る

1 投資を始める前に知っておくことは？ 16
 ● 投資とギャンブル、投機 16
 ● 投資は資産の成長を買う行為 17

2 投資は危ない？　しない方がいい？ 18
 ● リスクとは何か？ 18
 ● どんなリスクがあるの？ 19
 ● 投資はしない方がいい？ 21

3 資産運用とは？ 22
 ● 資産運用とは？　資産形成と何が違う？ 22
 ● 資産運用はなぜ必要なのか？ 24
 ● 資産保全とは？ 25

4 初心者でも大失敗しないためのコツは？ 26
 ● 分散投資とは？　一点突破は危ない？ 26
 ● 長期投資とは？　短期勝負は危ない？ 27
 ● 積立投資とは？　ドカンと一度に投資してはダメ？ 29
 ● NISA制度は使うべき？ 31
 ● iDeCo制度は使うべき？ 33

第2章　投資対象・金融商品を知る

1　株式とは？ 36
- 株式とは何か？ 36
- 株式投資のリスクとリターンは？ 38
- 株式投資を始めるには？ 41

2　債券とは？ 43
- 債券とは何か？ 43
- どうやって取引する？ 46
- 債券のリスクとは？ 46
- 同じ企業の株式と債券は何が違う？ 49

3　投資信託とは？ 53
- 投資信託は初心者におすすめ？ 53
- アクティブとパッシブ？ 55
- どこで買う？　どうやって選ぶ？ 57

4　ETFとは？ 59
- ETFは投資信託とどう違う？ 59
- ETFのメリットは？ 60
- REITはどんな商品？ 61

5　他の金融商品は？ 64
- 保険で資産運用はできるの？ 64
- 証券会社でおすすめされるファンドラップとは？ 66
- 話題となった暗号資産とは？ 68
- デリバティブとは？ 70
- FXは儲かる？ 73

6　金融商品と利回りの目安は？　注意点は？ 75
- どの商品でどれくらいのリターンが得られるの？ 75
- 「72の法則」って？ 78
- 外貨建て商品で注意することは？ 79

9

第2部　株式投資を知る

第3章　株式市場を知る

1 株式市場はどこにある？ 84
- 証券取引所とは？ 84
- 取引の流れ・ルール　寄り付き・大引けとは？ 85
- PTSとは？ 87

2 株価はどうして動くの？ 89
- 株価は何で決まる？ 89
- 注文方法は？　ストップ高・ストップ安って何？ 90
- 時価総額って何のこと？ 92
- アノマリーとは？ 93

3 株式市場では誰が売買しているの？ 95
- 株式市場の投資主体は誰？ 95
- GPIFなどの機関投資家とは？ 97
- ESG投資って何？ 99

4 信用取引とは？　空売りとは？ 101
- 信用取引の仕組みとは？　どうやって始める？ 101
- 信用取引のメリットとデメリットは？ 103
- 制度信用と一般信用の違いは？ 105
- 信用取引が増えると相場に影響するの？ 105

5 IPOとは？ 106
- なぜ企業はIPOするの？ 106
- IPO投資のメリットとデメリット 107
- IPO投資の注意点 109

6 増資とは？ 110
- なぜ企業は増資をするの？ 110
- その増資は投資家のためになる？ 111
- 増資と売り出しの違いとは？ 113

7 5％ルールとは？ 114
- 大量保有報告書とは？ 114
- 大量保有報告書と株価はどんな関係性があるの？ 115

- 大量保有報告を知る方法とは？ 117

8 株主総会とは？ 118
- 株主総会って？ 118
- 株主が持っている権利とは？ 119
- 株主の保有比率が高いと何ができる？ 120

9 指数とは？ 122
- 株価指数とベンチマークとは？ 122
- 様々な米国株指数とその違いとは？ 123
- 恐怖指数とは？ 125

第4章　企業業績入門

1 企業が開示する情報とは？ 128
- 開示情報の種類とは？ 128
- 速報である「適時開示」はしっかり確認しよう 129
- 開示書類で重要なものは？ 131

2 決算書はどう読むの？ 132
- 決算短信とは何か？ 132
- 決算短信のどこをどう読めばいいの？ 133
- 決算短信はいつ出るの？ 139
- まずは決算説明資料から眺めるのもアリ 140

3 業績予想が重要と聞きましたが？ 142
- どうして業績予想が重要なの？ 142
- 業績予想を見るときのポイントは？ 143
- 業績予想は修正される？ 145

4 円高・円安と企業業績の関係は？ 147
- 円高・円安とは？ 147
- どうして為替は動くのか？ 148
- 為替と景気、業績の関係は？ 149

5 企業の業績が良いと株主にどう還元される？ 152
- 配当とは？ 152
- 権利確定日・権利落ち日とは？ 153
- 自社株買いとは？ 154

11

第5章 投資指標入門

1 投資指標の基本！ PERとは？ 158
- PERとは？ 158
- 株価は「期待」を織り込んで動く 160
- PERについてまとめると 161

2 PBR、ROEとは？ 163
- PBRとは？ 163
- ROEとは？ 165

3 配当利回りの注意点は？ 169
- 配当利回りとは？ 169
- 注意すべき高利回りとは？ 170

4 割安株はどうやって見つけるの？ 172
- PER、PBR、配当利回りで見た割安株とは？ 172
- バリュートラップとは？ 173
- グロース株とは？ 175

5 証券会社の投資判断って？ 177
- 証券会社の発表するレーティングとは？ 177
- レーティングを見るときの注意点 179
- コンセンサスとは？ 180

第6章 チャート分析入門

1 ローソク足はどう見るの？ 184
- ローソク足の基礎 184
- ローソク足の種類 185

2 移動平均線はどう見るの？ 189
- 移動平均線はどう計算している？ 189
- グランビルの法則とは？ 190
- ゴールデンクロスとは？ 192

3 ボリンジャーバンドとは？ 194
- どう計算している？ 194
- ボリンジャーバンドの使い方 195

4 騰落レシオとは？ 197
- どう計算している？ 197
- 騰落レシオの使い方 198

5 押し目買い？　戻り売り？ 200
- 押し目買い？　戻り売り？ 200
- 目安としてのチャート分析 201
- 注意点 203

第3部　実践・ケーススタディー

第7章　株式投資を始めようと思ったときに

1 まずはどこから始めたらいいの？ 206
- なじみのある業種（同業・趣味）から始めよう 206
- 相談や勉強はどこでやるの？ 208
- 株主優待狙いの注意点 209
- テーマ株とは？ 210
- 会社の持株会は入るべき？ 211

2 いくらから始めるべき？ 213
- 10万円で運用するなら？ 213
- 100万円で運用するなら？ 214
- 1000万円で運用するなら？ 215

3 何歳から始めるべき？ 217
- 年代別の考え方 217
- 20代・30代から始めるなら？ 218
- 60代でも間に合う？ 219

4 FIREするには？ 221
- FIREとは何か？ 221
- 必要な利回りとは？ 222
- 4〜5％の利回りを目指すなら 223

5 確定申告は必要？ 225
- 投資にかかる税金は？ 225
- 確定申告不要？　特定口座と一般口座の違いとは 227

●特定口座でも確定申告が必要なときは? 228

6　インサイダー取引とは? 231
　　●どこまでがインサイダー取引? 231
　　●「公表」っていつ? 232
　　●インサイダー取引はバレますか? 233

7　TOBとは? 235
　　●TOBとは何か? 235
　　●TOBが発表されたらどうすればいい? 236
　　●MBOとは? 238

8　米国株にも投資できるの? 240
　　●どうやって始めるの? 240
　　●日本市場との違いは? 241
　　●ADRとは? 243

第8章　金融と株価の関係

1　利上げすると株価や為替はどうなるの? 246
　　●利上げと為替の関係 246
　　●利上げと株価の関係 248
　　●利上げでグロース株が下がる理由は? 249

2　日本が金融政策を変えるとどうなるの? 250
　　●日銀の異次元緩和とは? 250
　　●マイナス金利解除で為替はどうなる? 251
　　●マイナス金利解除で株価はどうなる? 253

3　インフレが起きるとどうなるの? 254
　　●インフレリスクとは? 254
　　●インフレと株価の関係は? 255
　　●スタグフレーションとは? 256

　　あとがき 258

　　索引 259

第1部 投資と金融商品の基本

第1章 投資の考え方を知る

1 投資を始める前に知っておくことは?

そもそも投資って何? 投資とギャンブルは何が違うの?

よく誤解されているけれど、投資はギャンブルとは違うんだ。投資は将来の成長を買う行為で、全ての企業が平均で成長することを前提にすれば、株式投資家全体のお金は増えていく可能性が高いと言えるよ

投資とギャンブル、投機

　投資について会話をするとき、ギャンブルや投機と混同されることがあります。確かに、株式の売買で短期的な大勝負をしてしまい、財産を大きく減らす人もいますが、ギャンブルや投機とは決定的に違う点があります。

　投資は資産に資金を投じ、中長期的に保有することです。資産は金銭的な価値があるもの、将来的に金銭的な価値が生じるものを指します。付加価値や利益を生み出しながら成長し、それを配当金として配分する株式などは、資産の代表例と言えます。

　一方、ギャンブルは、娯楽が目的であり、各参加者が出した掛け金の合計を、ある一定のルールに基づき、参加者で取り合うゲームです。利益を上げる勝者が存在する半面、その反対側には勝者が得た利益に等しい額の損失を被った敗者がいます。

　投機は、投資との線引きが難しいところもありますが、一般的には、短期的な売買によって利益を狙う取引を意味します。その時々に付く資産の価格が重要であって、資産そのものの金銭的な価値や将来的に生み出す価値は関係ないと言えます。

投資は資産の成長を買う行為

投資は、資産の成長を期待して資金を投じ、中長期的に保有します。株式投資では、企業が成長すれば、株式価値の上昇や配当金を享受できます。全企業が平均で成長する前提なら、参加者全員の収支合計は、ゼロではなくプラスになります。債券投資も、債券を発行した企業が破綻しない限りは、利息収入分、満期まで保有していた参加者全員の収支合計はプラスになります。参加者全員の収支合計がプラスにならないギャンブルや、価格に着目して短期間に取引する投機とは異なるものと言えます。

資産運用における投資は、基本的に、長期保有を想定しています。代表的な資産である株式や債券、それらをプロの運用者が分散投資する投資信託は、いずれも世界経済が健全に発展していけば、資産の価値は増え、参加者が分け合う全体のパイは増えていきます。

もちろん投資も資産価格の変動で損失を抱えることもありますが、長期的にみれば、参加者全体が潤うのが投資です。

2 投資は危ない？ しない方がいい？

投資とギャンブルが違うのはわかったよ。それでも投資はお金が減ることもあるんでしょ？ やっぱり危ないんじゃ…

そうだね。リスクのない投資なんてない。リスクが大きいほど、リターンは高いというのが投資の原則だから。それに、投資をしないリスクもあるということを考えるべきだよ

リスクとは何か？

「**リスク**」という単語は、投資以外の分野でもよく聞きます。どういう意味をイメージするでしょうか。おそらく「危険なこと」「怖いこと」「悪い方向にいくこと」が発生する可能性をイメージするのではないでしょうか。

資産運用・投資の世界で、投資元本に対して得られる収益（率）を意味する「**リターン**」との関係を測る際に使うリスクは、「リターンの振れ幅（標準偏差）」です。

重要なのは、投資の世界で**リスクとリターンの関係はおおむね比例している**ことです。リスクが大きいということは、それだけ収益の振れ幅が大きいことになります。運用がうまくいった場合、得られる収益は大きくなりますが、逆に動けば、損失も大きくなります。リスクが小さいということは、収益の振れ幅も小さいので、得られる収益は小さく、損失が出た場合も小さくなります。低リスク・高リターンといった都合の良い運用商品はありません。そういう話をしてくる人がいたら、慎重に対応すべきです。

選ぶ金融商品によってリスクとリターンは異なります。預金、債券、株式の3つを比べた場合、預金が最もリスクとリターンが低い（ローリスク・ローリターン）です。預金、債券、株式の順にリスクとリターンは大きくなっていきます。さらに、日本国内の金融商品より海外の金融商品の方が、ハイリスク・ハイリターンとなる傾向があります。

国内株式、国内債券、海外（先進国）株式、海外（先進国）債券という、4つの伝統的資産に投資する投資信託について、それぞれのリスクとリターンを、投資対象ごとに分けて図にしたものです。リターンとリスクがおおむね比例していることがわかるかと思います。

▼資産別のリスクとリターンの関係

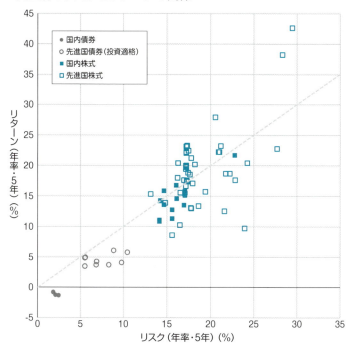

※国内公募の追加型株式投信（ETF、ラップ・SMA専用、通貨選択型、マネープール除く）で2024年3月時点のデータ

出所：QUICK資産運用研究所

どんなリスクがあるの？

　「リターンの振れ幅」を引き起こす要因もリスクと呼ばれており、一般的に6種類あると言われます。価格変動リスク、金利変動リスク、信用リスク、カントリーリスク、為替変動リスク、流動性リスクです。一つずつ見てみましょう。

●価格変動リスク

文字通り、金融商品の価格は景気動向、企業業績、為替相場などさまざまな要因で日々変動します。購入した商品を売却する際、買った価格より値上がりして得をすることもありますが、逆に値下がりし損を出す可能性もあります。投資信託の基準価額（価格）も、組み入れた資産の価格変動を受けて変動します。

●金利変動リスク

金利の変動によって債券の価格が変動するリスクです。一般的に金利が上がると債券価格は下落します。市場金利が上昇した場合、保有する債券よりも有利な条件（高い金利）で発行される債券が増えるので、有利な条件の債券を購入するために、保有債券を売却する動きが増えます。金利が下がれば逆の動きになります。価格変動リスクの一種とも言えます。

●信用リスク

金融商品を発行している企業や地方公共団体などの経営状態や財務状態が悪化し、元本や利子が予定通り支払われないリスクです。信用リスクが悪化すると、資金繰りが悪化しているのではないかという不安が広がり、株式や債券、投資信託などの金融商品の価格は値下がります。株式であれば上場廃止や、発行企業の経営が破綻する可能性があります。債券では、元本や利子が予定通り支払われない状況を**債務不履行（デフォルト）**と呼びます。

●カントリーリスク

国の信用リスクです。投資先の国の経済や政治情勢、内部情勢などの変化で市場が混乱した場合に起こるリスクです。たとえば、一部の新興国では、金融商品に関連する制度が急に変更されるリスクがあります。海外の金融商品で運用する場合はカントリーリスクの影響を受けます。海外の株式や債券、それが組み込まれている投資信託等の金融商品の値動きに影響するほか、投資している資金が回収できなくなったりします。

●為替変動リスク

為替相場の変動により、金融商品の価値が変動するリスクです。外国の通貨で取引される金融商品は為替相場の変動の影響を受け、日本円に換金した際に、購入時より上がっていることもあれば下がっていることもあります。購入時より円高にな

ると、円での手取りが少なくなり為替差損が出ます。金融商品の価格が一定でも、1
ドル＝100円で買った商品を1ドル＝98円で売却すると1ドル当たり2円損するこ
とになります。逆に円安になれば円での手取りが増え、為替差益がでます。海外株式
や海外債券など海外資産を組み入れた投資信託は為替変動リスクがあります。

● **流動性リスク**

保有する金融商品を売却したい時に売却できないリスクです。例えば、株式が上
場廃止になる、あるいは債券の債務不履行（デフォルト）になる恐れがある場合、取
引参加者の多くが売りに回り、買い注文が出てこないため、売りたくても売買が成立
しない可能性があります。これまで取引できていた金融商品にも関わらず、ある日突
然、取引ができない状態、つまり換金できなくなります。取引参加者や取引量が少な
い商品だと、取引相手が見つからない場合もあります。

投資はしない方がいい？

資産が減ることが怖いので預貯金のまま置いておく、というのも個人の判断です。
ただし、投資しないからこそ起こるリスクも紹介しておきます。

ひとつは**インフレ**のリスクです。これまで日本は長い間、物やサービスの値段が上
がらないデフレの状態が続いていましたが、この先は、物価が上昇するインフレの時
代がやってくるとの声があります。2024年時点でも物価の上昇を感じている人も多
いと思います。

インフレは物の価値が上がり、お金の価値が下がることです。同じ物を買うにして
も以前より多くのお金が必要になります。インフレによる物価上昇（お金の価値下
落）に対応するには、**インフレを上回るペースで給料を増やすか、資産運用でお金を
増やすか、といった対応が必要**となります。資産運用をしないで、現金のままお金を
手元に置いておくと、インフレが発生したときに、資産が実質的に目減りしていくリ
スクがあります。

もうひとつは老後の準備です。雇用、給与、退職金など労働環境は変化し続けてお
り、労働収入だけで老後のお金が十分か、ということはよく考える必要があります。
金融庁が高齢者夫婦無職世帯の老後資金が2000万円不足すると報告した「**老後
2000万円問題**」が一時期話題になりましたが、インフレが進めば、不足額は2000
万円を上回ってくることも考えられます。そのためにも、できるだけ早い時期から長
期に資産運用をし、備えることが必要となるでしょう。

3 資産運用とは？

将来のことを考えると投資で資産を増やしていくことも大切なんだね。さっそく、資産運用ってのを始めようかな。おすすめだってネットでみたんだ〜

いきなり運用？　投資？　その前にまずは、いつ、どれくらい必要かをしっかり考えて、運用の元手となる資産そのものを形成することから考えないと

資産運用とは？　資産形成と何が違う？

　個人投資家の皆さんが資産を増やしていくことを表現する言葉に「資産形成」や「資産運用」といったものがあります。どちらも同じような意味で捉えられがちなのですが、使い分けることもあります。

　資産形成は「資産を一から築いていくこと」です。仕事をして収入を得る、節約して元々かかる予定だった出費を減らし手元のお金を増やす——といったことがイメージしやすいのではないでしょうか。

　一方の**資産運用**は「形成した資産を株式投資や不動産投資など様々な投資方法で運用し、効率的に増やすこと」です。

　資産運用をするには運用するお金がなくてはできませんから、まずは元手となるお金をつくる、つまり資産形成をする必要があります。ある程度まとまった資金ができてようやく、その資金を運用するという段階に入ると捉えれば、資産形成と資産運用は段階の違いと見ることができます。

▼資産運用と資産形成は段階の違いとする見方

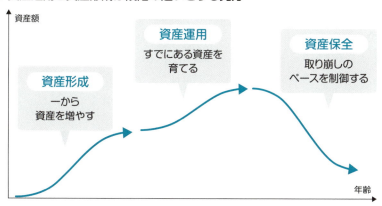

　もちろん、少額のお金でも運用することは可能です。例えば、個人型確定拠出年金（iDeCo、イデコ）やNISA（少額投資非課税制度）を活用して資産形成をしながら資産運用をするケースもあります。収入に加えて投資などで運用益を得ることで資産形成のスピードを上げることもできます。例えば株式投資を手掛けて株価が20％上昇すれば（税金などは考慮せず単純に計算した場合）投資金額が10万円なら2万円の利益、投資金額が100万円なら20万円の利益を得られます。このように、資産運用を資産形成の補助ツールとして捉えることもできます。

▼資産運用は資産形成の補助ツールとする見方

資産形成	貯蓄	労働収入	
		節約	
	資産運用	預貯金	<手法> ・円建て／外貨建て ・一括／積み立て等
		株式	
		債券	
		投資信託	
		不動産	
		保険　等	

このように資産形成と資産運用はとてもよく似た言葉ですが、意味合いが異なるものです。資産運用にはまとまったお金が必要となる一方で、資産形成は手元にあるお金が少ない人でもすぐに始めることができます。資産運用を資産形成の補助ツールとして活用する場合には、目的に合わせた運用方法や投資先の選定をすることが必要になってきます。人生のお金の設計図を描き、将来必要となる資産を築くにはどのようなアプローチがよさそうか、考えてみましょう。

資産運用はなぜ必要なのか？

仕事で得た収入を全部使ってしまうとお金は貯まりません。その月は生活することができ、収入があるうちは暮らせるかもしれませんが、老後は形成した資産（年金含む）を取り崩すことで生活することになります。

少子高齢化の進む日本では、将来の社会保障制度のあり方についてよく議論になっています。ひところ話題になった「老後2000万円問題」などもあり、公的年金の受給だけに頼ることなく個人でも資産形成をして将来の安心につなげようという機運は高まっています。

もちろん、老後はまだ先過ぎて考えられないというひとでも、住宅購入や子どもの教育資金など、今後訪れる**ライフイベント**に備えて、まとまったお金を準備する必要は出てくるでしょう。

あえてリスクのある資産運用をしなくてもよいのではないか。資産形成だけでまとまったお金をつくれないのか——といった思いをお持ちの方もいらっしゃるかもしれません。資産形成だけでまとまったお金をつくることは可能です。年収が高い人ほど労働収入だけで資産は形成しやすいといえます。

例えば、年収450万円の人と1000万円の人、どちらも年間にかかる生活費が400万円だったとしましょう。年に600万円の貯金ができる年収1000万円の人は、4年弱で2000万円を貯めることができるのに対し、年収450万円の人は40年かかる計算になります。

このように、コツコツお金を貯めれば資産形成はできます。ただ、労働収入や節約だけでは将来必要な資産に満たない場合があります。そんな時には、仕事をして収入を得て資産形成をしながら、投資リスクを理解した上で資産の一部を運用して効率的に資産を増やす必要が出てくるでしょう。

ただ、労働収入だけで十分に資産形成をして将来に備えられるという方も、これからの時代は「資産形成だけではダメ」かもしれません。すでに国内でも物価上昇を

感じる場面は増えてきていますが、インフレリスクへの備えが必要になってくるからです。

　もし2000万円を貯めたとしても、現金のまま保有していると将来的にインフレにより資産の価値が目減りするかもしれません。インフレリスクへの対策には、物価に合わせて価値が連動する現金以外の金融資産を保有する（つまり資産運用をする）のがひとつの方法です。

資産保全とは？

　資産保全とは「資産形成、資産運用で増やし積み上げた資産を守る」ということです。資産形成、資産運用をしている最中も、老後など将来に備えるだけの資産をつくることができた後も、資産を守っていくことは大切です。給与収入が途絶える退職時期が近付いてきたら、資金を比較的安全な資産に移したり、節約などで資産の取り崩し額を制御したりといった行動が必要になります。

　資産を守る、減らさないようにするということは、何もお金をしまっておくということではありません。すでに述べたようにインフレはお金の価値を目減りさせてしまうものです。いまは100万円で買えるものが数年後には110万円や120万円支払わなければ手に入れられなくなるかもしれません。また、インフレ問題だけでなく、為替相場の変動などもありますし、お金の価値は常に一定ではありません。様々な問題に対して価値的にもお金を減らさないことが資産保全です。

　資産運用をする際には、投資におけるリスクとリターンの関係を理解し、資産を増やすだけでなく減らさない、守るという意識を持つ必要があります。適切なリスク管理をし、相場の急変動などに備える準備を常日頃からしておくことが大切です。

　運用によって資産を多く増やそうと高い利益を狙い大きなリスクを取った場合、市場の環境が良いときには良い結果をもたらす可能性がありますが、市場環境が悪化した場合には資産を増やすどころか減らす結果に陥ってしまうこともありえます。資産形成にまだまだ多くの時間をかけられるような時期ならまだしも、リタイア直前などに大きく資産額を減らしてしまうと損失を取り戻すチャンスは少なくなってしまいます。

　老後に不安なく生活できるだけの資産をつくることができた後も資産保全という考え方が大切になるのは同じです。運用リスクを大きくとることができなくなる老後は資産を減らさない、守るという視点がより大切になりますし、税金や相続について学ぶことも必要でしょう。

4 初心者でも大失敗しないためのコツは？

よしっ。それじゃいよいよ…昔から気になっていた有名な会社の株とか買ってみようかな。せっかくなら、すぐに結果も出したいよね！

待て待て。運用ってちゃんと計画しないと大失敗するよ。初心者でも大失敗しないためのコツがいくつかあるんだ

分散投資とは？　一点突破は危ない？

　投資には必ずリスクが伴うことを踏まえると、資金をひとつの金融商品に偏らせる「一点突破」はとても危険です。例えば、世間で優良・有望とされる株式銘柄に資金を全額投資したとします。ですが、未来は不確定なもの。記憶に新しいところでは新型コロナウイルス感染症の流行で世界中が大混乱に陥ったように、これから何が起こるのかは予測しきれません。企業努力だけでは避けられないような出来事が起こります。もし投資先の商品が大きく値を下げてしまえば、自分の資産も大きく減らしてしまうことになります。

　こういった投資のリスクを減らす方法のひとつに「**分散投資**」があります。分散投資とは、資金を一つの資産や銘柄だけでなく、いろいろな資産や金融商品に振り分けて分散して投資することです。複数の投資先に資産を分けておき、資産全体のリスクを軽減するのです。

　株式投資でいえば、一つの銘柄だけに投資するのではなく、複数の業種や異なる業界の銘柄を組み合わせて、複数の銘柄に分散させてみましょう。国内株式だけでなく海外株式にも投資し、投資先を複数の国・地域を組み合わせて分散させてみるといった分散方法もあります。

　また、自分の資産（アセット）について、どのように組み合わせ、配分するのかの割合を示す「**アセットアロケーション**」を考えることは分散投資につながります。運用

先となるアセットは株式だけでなく、債券や不動産、預貯金などがあります。特性の異なる資産や銘柄を組み合わせて投資すれば、仮に市況が大幅に悪化したとしても、極端に資産を目減りさせてしまうような事態を防ぎ、リスクを軽減させることにつながるといわれています。

分散投資に欠かせないのが**ポートフォリオ**です。ポートフォリオとは、株式や現金、債券、不動産など保有している金融商品の組み合わせを一覧にしたものです。投資を始める際には、自分の運用目標を達成するためにどの程度のリスクとリターンが取れるのかを考えながら、例えば株式50%、債券30%、貯金15%、不動産5%などと配分（＝アセットアロケーション）を決めたうえで、ポートフォリオを組んでいくことになります。

そしてアセットアロケーションやポートフォリオで計画をしっかり作ったとしても、これらは一度考えれば終わりというものではありません。経済情勢が変わったり、運用目標が変わったりした場合など、折に触れて見直し、分散投資が出来ているか、運用資産のバランスに問題はないかなどを確認、管理していくことで安定的な資産運用につなげていくことができます。

長期投資とは？　短期勝負は危ない？

投資のリスクを軽減させるには、短期間で売買を繰り返すのではなく長期にわたり金融資産を保有する「**長期投資**」も効果的といわれています。運用のゴールを遠くに設定することで目先の短期的な値動きに一喜一憂する必要はなくなりますし、損失を取り戻すチャンスも訪れます。運用資産を取り崩さず運用を続けることで運用で得た利息や配当を元本に組み入れる「複利運用」（詳細は後述）も可能になり、資産をより効率的に増やしていくことができます。

何年以上が長期投資だという明確な定義はありませんが、投資期間が長ければ長いほど資産は上昇基調に落ち着く傾向があります。例えば、日米の株式相場の傾向を見てみても、中長期のトレンドとしては右肩上がりになっています。できるだけ早くに投資を始めることで投資期間を長くとることができますし、長い時間をかけるほど市場の成長を享受するチャンスも広がることでしょう。

▼日経平均株価の長期チャート

出所：日本経済新聞社の指数公式サイト「日経平均プロフィル」

　一方で一日のうちに取引が完結するデイトレードや数日から数週間などでこまめに売買をするような取引は「**短期投資**」と呼ばれ、投機的な投資の一種と言えます。投資による資産運用で利益を出す主な方法は「安く買って高く売る」こと。短期投資では業績状況や経済指標や政治家の発言など一時的な相場のブレに素早く反応し、1分1秒の値動きを常に追いかけるような対応が求められます。専門的な知識やテクニカル分析などが求められる場面も多く、投資初心者がうかつに手を出すには危ない —— といえるでしょう。

　長期投資の最も大きなメリットとして挙げられる「**複利効果**」についてもご紹介しておきましょう。**複利**とは「運用によって得られた利益を再び投資していくことで、利益が利益を生む状態」のことです。雪だるま式に資産を膨らませていく効果が見込めます。
　仮に、元金が100万円、金利3％で運用をしていくと仮定します。単利運用の場合は毎年3万円ずつ利息を受け取り当初の元金のみで運用を続け、複利運用の場合は毎年の利息を元金に足して再投資して運用していきます。5年間それぞれの方法で運用していくと、単利の場合は元金100万円と5年間分の利息15万円の、合わせて115万円の資産を手にすることができます。複利の場合は元金に毎年の利息を足しこんでいきますので、5年後の元金は112万円を超え、その年の利息と合わせて115

万9000円強が手元に入る資産となります。5年間では数千円の差ですが、同じように10年間続けていくとその差は4万円超、20年間続ければ20万円超まで差が広がっていきます。

▼複利効果のイメージ

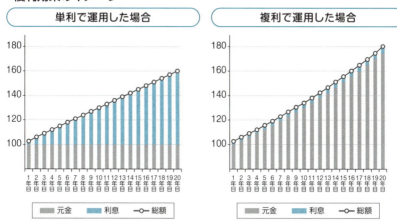

積立投資とは？　ドカンと一度に投資してはダメ？

　株式や投資信託などの金融商品は、価格が常に変動します。例えば、株式は発行した企業の業績や景況感の良い時に評価が高まりますし、債券ならば発行する国や企業の信用力が高いほど利回りが下がる（価格は上がる）といった具合に、その時々の金融商品を取り巻く環境次第で価格は変動します。投資する方なら誰でも、できるだけ安い時に買い、保有している内に価格が上がってほしい――と願うものですが、そのタイミングを見計らうのはプロと呼ばれる機関投資家でも難しいとされます。

　そこで、長期投資と同じように投資の基本としてよく語られるのが「**積み立て投資**」と呼ばれる方法です。ひとつの投資先に一定の期間ごとに決まった額をコツコツと投資していく方法です。自然と長期間の投資になるので時間の分散効果も高く「高値づかみ」のリスクが軽減されます。

　これは「**ドルコスト平均法**」とも呼ばれる手法です。例えば、投資信託をドルコスト平均法で月々に決まった額で購入するとします。相場が下がっているタイミングでは、購入単価が抑えられ購入量を増やすことができます。一方、相場が上がっている時は、購入単価が高くなり購入量は少なくなります。

▼ドルコスト平均法のイメージ

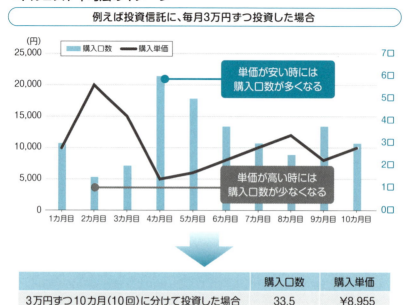

　相場の状況によって購入する単価と量が変化するので、ドルコスト平均法は投資額全体の購入単価をならす効果があります。

　もし欲しい銘柄が決まっているからと、一度にドカンと投資したらどうなるでしょうか。万が一相場を読み誤って高値で購入してしまうと、値下がりを心配しながら資産を保有し続けることになり、運用どころではないかもしれません。

　資産形成の大きな支えとなる投資は、何もまとまった資金を持っている人やお金持ちのためだけのものではありません。少額から資産を少しずつ投じていく「積立投資」は、どんな人でも始めやすい堅実な投資手法としても知られています。

　もちろん、積立投資のようないわゆるコツコツ投資では、値下がりをした時に一気にまとめ買いをして短期間で大きな利益を得るような投資はできませんし、小分けに何度も買い付けを続けることで手数料などがかさむこともあります。ただ、一括で投資に回せるほどの大きな資金はない方や、いつ投資すべきかタイミングがわからないという方、忙しくて投資のことをそこまで細かく考える時間がないという方には積立投資は適した手法といえるでしょう。

NISA制度は使うべき？

投資をいざ始めると意外と負担に感じてしまうのが「コスト」と「税金」です。資産形成の方法は様々ですが、多くの資産を手に入れる際には対価だけではなく取引に伴う手数料など一定のコストがかかります。さらに運用成果に大きな影響を与えるのが税金です。運用益、例えば投資信託の分配金などには20%ほどの税金がかかります。いずれも投資には必要経費のようなものですが、少なからず心理的な負担になってしまう面もあります。そこで、資産運用を始めるならまずは、配当金や値上がり益などの運用益に税金がかからない「NISA（少額投資非課税制度）」を活用してみましょう。

NISAを通じた投資を始めるには、証券会社や銀行などの金融機関でNISA口座を開くなどの手続きが必要になります。金融機関によって取引のできる金融商品に差がありますから「株式投資をしたい」「積み立て投資だけでよい」など、口座を開設する前にどのような取引をしたいのかは決めておく必要があります。

NISA制度はもともと時限的な制度でしたが、2024年から制度が恒久化されました。さらに、従来は「こつこつ積み立てるか」「株式などの成長益を積極的に狙うのか」を選択する必要がありましたが、現制度では「どちらも」選ぶことができます。年間の投資枠も大幅に増額され、生涯を通しての非課税保有の限度額は最大1800万円（うち成長投資枠分は1200万円以内）まで引き上げられました。

▼ NISA制度の概要

● 2024年からの新制度

	どちらも使え、併用可能に	
	つみたて投資枠	**成長投資枠**
口座開設期間 （制度の期限、買い付け可能期間）	恒久化	
非課税保有期間 （投資したものを非課税で持てる期間）	無期限化	
年間投資枠 （年間に購入可能な金額の上限）	120万円	240万円
非課税保有限度額（総枠）	1800万円（※1）	
		1200万円（※2）
対象投資商品	長期の積立・分散投資に適した投資信託（※3）	上場株式・投資信託（※4）
対象年齢	18歳以上（※5）	

（※1）枠の再利用が可能
（※2）成長投資枠を使った買い付けは1200万円まで
（※3）金融庁の基準を満たした投資信託に限定
（※4）①整理・監理銘柄②信託期間が20年未満、毎月分配型の投資信託およびデリバティブ取引を用いた一定の投資信託などを除く
（※5）ジュニアNISAの終了に伴い、18歳未満で利用できるNISAはなくなりました

● 2023年までの旧制度

	どちらかを選択		ジュニア NISA
	つみたて NISA	一般 NISA	
口座開設期間	2023年まで	2023年まで	2023年まで
非課税保有期間	20年間	5年間	5年間
年間投資枠	40万円	120万円	80万円
非課税保有限度額	800万円	600万円	400万円
対象投資商品	長期の積立・分散投資に適した投資信託	上場株式・投資信託など	上場株式・投資信託など
対象年齢	18歳以上（2023年1月から。それ以前は20歳以上）		18歳未満（2023年1月から。それ以前は20歳未満）

　2024年からのNISAでは、運用資産を売却すれば、翌年以降に売却した商品の簿価（取得時の金額）の分だけ非課税保有限度額が復活します。資金が必要になれば現金化をしたり、余裕資金ができたときには再び投資に振り向けたりと、ライフプランにあわせた柔軟な資産運用がしやすくなっています。また、毎年こつこつと積み立てだけを続けて生涯投資枠の1800万円すべてをつみたて投資枠のみで使うことも可能です（成長投資枠だけの場合は上限1200万円まで）。成長投資枠のリスクが大きいと感じるならば、利用しなくても大丈夫です。

▼ NISAの非課税保有限度枠のイメージ

非課税保有限度額

1800万円

1200万円

つみたて投資枠

成長投資枠

つみたて投資枠のみ or 両枠の併用で最大1800万円

成長投資枠は1200万円まで

- NISA口座で保有する上場株式等の残高の買い付け額ベース（元本ベース）で最大1800万円までの買付が可能です
- 成長投資枠ではそのうち1200万円までしか買い付けできません

　安定的な資産形成には、中長期的な目線をもち、投資対象や時間を分散しながら積み立てていくことが効果的とされています。将来の資産価格の変動リスクなどを

和らげることができるからです。NISAを活用すれば運用益は非課税となり、より効率的に資産を形成していくことが期待できます。もし途中で資金が必要になったとしても、NISAはいつでも運用資産を売却して引き出すことができます。

　長期的な積立投資をしていくことのメリットをより実感していただけるように簡単なシミュレーションをご紹介したいと思います。2002年1月から2021年12月の期間に毎月1万円ずつ、20年間貯金した場合と、日経平均株価と同じ値動きをする金融商品を利用して株式投資した場合（税金や手数料は考慮せず）を比較してみましょう。20年後には株式投資の資産が貯金の2倍以上に増えていたと試算できます。

▼積み立て投資の効果

iDeCo制度は使うべき？

　NISAと同じように税制面で優遇のある制度として、個人型確定拠出年金（iDeCo、イデコ）があります。イデコは私的な年金制度です。イデコの取り扱いをする証券会社や銀行、保険会社で自分で申し込み、掛金を拠出し、保険や定期預金、投資信託など自分で運用商品を選択します。形成した資産は、60歳以降に受け取ることになります。ご自身の運用成果によって、将来受け取る金額が変わってきます。

　イデコのメリットは大きく2つあります。ひとつは、税制上の優遇措置があることです。節税をしながら老後に備えた資産形成ができ、少額から始めることができるため、投資経験のない人でも始めやすい制度です。もうひとつは、転職や退職などでライフステージが変わった場合にも積み立てた年金資産を持ち運び、60歳まで年金

資産の形成を継続することができるということです。

イデコでは掛け金は全額、所得控除をうけることができます。掛金が課税所得から差し引かれるので、仮に月に1万円の掛金で所得税（10%）、住民税（10%）とすると年間2万4000円分の税金が軽減されることになります。

イデコの運用益も非課税です。通常の運用益では源泉分離課税で20.315%の課税がありますが、この分を非課税で再投資できることは、60歳までの長期運用では大きな魅力になります。

.さらに60歳を迎え、形成した資産を受けとる時も、一定金額までは非課税になります。一時金として一括で受け取る場合は退職所得控除の対象に、年金として分割して受け取っていく場合には公的年金等控除の対象になります。

▼ iDeCo制度のメリット

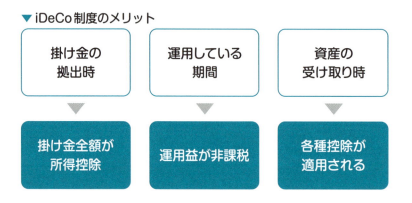

イデコは、ほとんどの20歳以上65歳未満の人が加入できます。65歳以上の方や農業者年金の加入者、国民年金保険料を払っていない人や国民年金保険料の免除・納付の猶予を受けている人はイデコを利用できません。また、お勤め先で企業型確定拠出年金に加入している人は、事業主の掛け金が拠出限度額に満たない場合はイデコに加入できますが、企業型の事業主掛金と個人型の掛け金、それらの合計額の上限があるなど決まりがありますので、興味のある方はご自身が利用可能かどうか、確認してみましょう。

イデコは月額5000円から始められ、掛け金は1000円単位で自由に設定でき、ライフスタイルに合わせた無理のない範囲で老後に備えた資産形成をしていくことができます。ただし、原則60歳までは積み立ててきた資産を引き出せません。イデコの利用には手数料がかかりますし、自営業者や公務員、専業主婦（夫）、会社員といった加入区分のそれぞれで掛け金の上限が違うことなどにも注意が必要です。

第1部 投資と金融商品の基本

第2章
投資対象・金融商品を知る

1 株式とは？

ニュースでよく聞く株式投資というのは、どんなものなの？

株式を持つということは、企業の利益を分配してもらう権利を持つことと考えるといいよ。その権利を取引しているのが株式市場なんだ。株式の取引価格である株価の値上がりや、定期的にもらえる配当金が期待できるけど、どちらも企業の成長の果実なんだ。株式を買うということは、企業の成長を買う行為だとも言えるね

株式とは何か？

　日々ニュースや新聞などで見聞きする「株式」「株」といった言葉。資産運用といえばまっさきに思い浮かべる方も多いのではないでしょうか。**「株式」**とは企業が資金を出資してもらった人に対して発行する証券のことです。株式を発行して集めたお金で運営される企業（会社）を**株式会社**と呼びます。

　企業はビジネスを展開する上でお金が必要です。例えば、より多くの商品を生産するための工場を建設する資金や、人員を増やすための人件費、新製品開発のための研究費などです。

　企業が事業資金を調達する方法はいくつかありますが、そのひとつが株式発行によるものです。投資家は資金を提供することで株式を手に入れ、企業はその対価として資金を調達します。投資家は株式を購入することで**「株主」**になります。

▼株式発行のイメージ

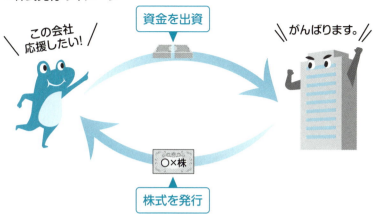

　企業はその資金を元にビジネスを拡大させ利益をあげます。株式を購入した投資家は、購入する株数にもよりますが、株主として配当金や株主優待を受けることができます。また、株主は、出資した株式の持ち分に応じて株主総会で会社が提案する議案に対して賛成・反対を表明する**「議決権」**を持つなど、会社の経営に意見をすることができます。

　また、証券取引所に上場している企業の株式は、**株式市場**を通じて売買することができます。発行された株式は取引所で日々売買されており、発行企業の業績などを踏まえた値段（**株価**）が付きます。株主は自分が購入した時よりも株価が上がったタイミングで株式を売ると、その差額分だけ利益を得ることができます。儲かった場合は税金もかかります。ただし、株価が購入時より下落したタイミングで売ってしまうと、損をすることもあるので注意は必要です。

▼株式市場のイメージ

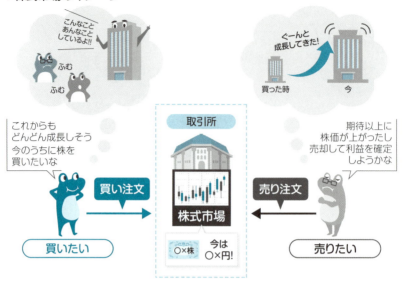

　投資家にとって株式投資の魅力は、投資した企業の価値が向上し株価が値上がりすれば株式売買による利益を得るチャンスがあること、配当というかたちで企業の利益を配分される可能性があること、株式の持ち分に応じて株主総会などを通じて企業の意思決定に関わる権利があることなどがあげられます。個人投資家にとっては企業の商品やサービスを受けることのできる株主優待も魅力のひとつでしょう。
　いずれも、利益を得ようとすれば企業の成長が伴わなければなりませんから、株式を買うということはいわば企業の成長を買う行為だともいえるでしょう。

株式投資のリスクとリターンは？

　投資家は株式を買うことで企業の成長の恩恵を受けることができます。具体的には「キャピタルゲイン」と「インカムゲイン」の2種類に分けられます。
　キャピタルゲインとは、保有する株式の値上がり益のことです。株式は市場で日々売買されています。投資家の企業に対する評価が上がれば株式を欲しいと思う人が増えますから、株式の価値が上昇します。反対に、何らかの理由で企業に対する評価が下がってしまうと、保有する株式を手放したいと考える人が増えてしまい、株価は下落していきます。投資家が購入した金額よりも高い価格で株式を売却できれば、

差額を値上がり益として受け取ることができます。

インカムゲインとは、株主への配当金による収入のことです。企業が活動していく中で利益が多く生み出されれば、一部を株主に「配当」というかたちで還元する場合があります。配当は支払う回数や金額なとは、企業によってまちまちですが、保有していれば定期的に得られる収入でもあります。全く配当をしないという企業もあります。

▼キャピタルゲインとインカムゲイン

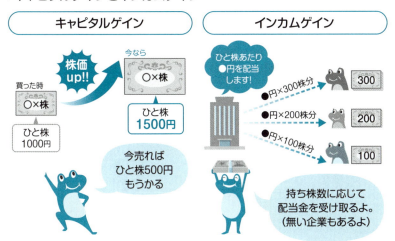

この他に「**株主優待**」を出す企業もあります。株主優待は、株式の持ち株数に応じて、企業が自社製品や株主優待券などを贈呈するものです。経済的価値のあるものが手に入れば、株主優待でも実質的なリターンを得られることになりますから、株主優待を目当てに株式を買う人もいます。

▼株主優待のイメージ

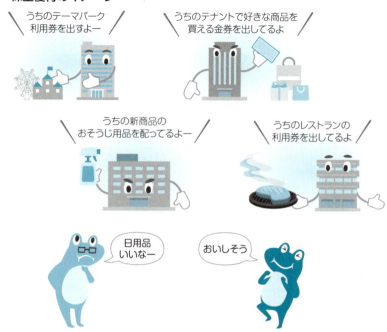

　ただ、これらのいわゆる株式投資のリターンは企業の成長があってこそのものです。株式を購入した時よりも下がった価格で売却してしまうと損失が発生します（キャピタルロスといいます）。インカムゲインも企業の業績が悪化してしまうと配当金は減額されますし、株主優待を廃止する可能性もでてきます。企業の事業成長は必ずしも予測できるものではありません。株式投資は元本が保証されているものではありませんので、株価の下落によって投資額が目減りしてしまったり、当初見込んだ通りのリターンを得られなかったりするリスクがあります。こういったことを踏まえ、社会情勢や企業の動向を確認しながら、慎重に投資先を決めていく必要があります。

　なおキャピタルゲインもインカムゲインも利益に対して税金がかかります。第1章で説明したNISA（少額投資非課税制度）口座を利用すれば一定の範囲内ならば課税はされませんので、活用してみるとよいでしょう。

株式投資を始めるには？

　株式投資をするには、証券会社で取引口座を開設する必要があります。対面の窓口を置いて営業する証券会社やネット専用の証券会社といった営業形態の違いや、投資信託など取引できる商品の多さ、手数料の高い安い、投資情報が豊富など様々なタイプ・特徴の証券会社があるので、自分に適した証券会社で口座を開くと良いでしょう。

　株式投資の取引方法には、ネット完結型のものと対面型のものがあります。

　ネット完結型の取引の場合、口座開設から株の購入、売却までインターネット上で完結します。基本的には相場状況や銘柄の情報など自分で情報収集をする必要があります。ネット証券の中には電話の自動音声で株価状況を提供するところや、オペレーターへ株の売買の電話注文を出せる会社もあります。ただ、ネットでの売買に比べ電話注文は多少手数料が高くなる可能性があります。

　対面型の取引の場合、証券会社の担当者と電話や店舗などでやり取りすることになります。担当から購入する銘柄についてアドバイスをもらえることもあれば、おすすめの投資商品を提案されることもあります。一般的に手数料はネット証券に比べ対面型の方が高いです。

　証券会社に取引口座を開いた後のことも少しイメージしておきましょう。まず取引を始めるには、証券会社の口座にお金を入金する必要があります。一般的には銀行口座から入金することになります。

　入金が完了したら、銘柄を決めて株式を購入していきます。株価は1株当たりの価格が表示されていますが、株式は原則として100株から購入することができます。ですので、例えば株価が3500円だった場合、3500円×100株＝35万円の投資資金が必要です。これに購入手数料がかかります。1株から取引できるミニ株（単元未満株）の取り扱いをする証券会社もあります。ミニ株は、手元資金が少なくても取引できる利点があります。

　株式購入の注文を出す場合、株価を指定して購入する「**指値注文**」と、現在の売り注文の最低価格に対して購入する「**成行注文**」があります。注文が約定すると購入取引が完了します。多くの証券会社では、自分の取引の状況をインターネット上のサイトで確認することができます。

個人投資家が購入する株式は、証券取引所に上場されているものです。上場していれば、企業は様々な情報を開示する義務があります。開示されている情報や様々な報道を読み解きながら、投資対象を選別していくこととなります。

　株式投資については、第2部でしっかり解説していきます。

2 債券とは？

債券っていう、投資した元本がちゃーんと戻ってきて利子までもらえるっていう金融商品があるの！？

そうだね。債券は、決まった利払いが約束され、払った元本が返ってくるといった特徴から、株式投資に比べて安全性が高いと言われるね。でも、絶対に安全とは言えないんだ。どんなところが発行しているのか、為替の影響を受けるのか、などのリスクをきちんと確認してから投資先を決めようね

債券とは何か？

債券とは、ひらたくいうと「お金の借り手（債券の発行体）が貸し手（債券の買い手）に対して発行するもの」です。お金の貸し手、つまり債券投資家は、貸したお金の対価として債券を手に入れます。

債券投資家は満期まで発行体にお金を貸すかわりに、発行時に約束した利子（利息、クーポン）を定期的にもらいます。発行体が破綻しない限りは、満期となる**償還日**には債券の額面金額が投資家に払い戻されます。この払い戻しを**償還**と言います。

▼債券発行のイメージ

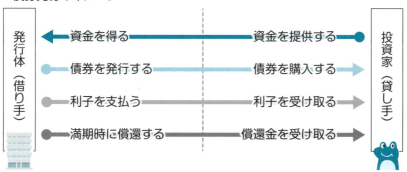

債券と株式を比べた時の最大の違いは、発行時に払い込んだ資金が戻ってくるかどうかです。債券は最終的に元本（＝貸したお金）が投資家の手元に戻ってきますが、株式の対価として支払われた出資金は原則、投資家の手元に戻ってきません。

　債券には株式のような取引所はないものの、一般には転売ができ、債券の償還を待たずに売却して現金化することもできます。こういった特徴から、市場環境や発行体の信用度に左右されるものの、株式などに比べ比較的安全性の高い投資先といわれることもあります。

　債券にはたくさんの種類があります。利子の支払い方法や年限、発行通貨などによって分類する方法もありますが、ここでは最も一般的な発行体（お金の借り手）による区分で紹介します。

　国内で発行される債券を発行体別に分けると、大きく二つのグループに分けることができます。ひとつは**国や地方自治体などが発行する「公共債」**、もうひとつは**民間企業が発行する「民間債」**です。発行体の信用力によって支払われる利率（クーポンレート）が異なるため、誰が債券を発行するのかは投資先を選ぶ際にはとても重要な条件になります。

▼発行体による分類

公共債	国債（日本国債）	日本政府が発行
	地方債	地方自治体が発行
	政府関係機関債	政府関係機関が発行 ※元金および利息の支払いに政府保証のついた「政府保証債」と、ついていない「財投機関債」がある
民間債	社債	事業会社などが発行 ※株式に転換できる、転換社債型新株予約権付社債（CB）という債券もある
	金融債	特定の金融機関が発行

▼利子の支払い方法による分類

利付債	あらかじめ決められた利払い日に利子の支払いがある債券
割引債 （ゼロ・クーポン債）	利子はつかないが、購入価格を額面金額よりも低くして発行し、その差額が利子相当分となる債券 例）1年後に100円が返ってくる債券を90円で購入し、差額の10円が利子となる

▼償還までの期間による分類

超長期債	償還期間が10年超
長期債	償還期間が5年超10年以下
中期債	償還期間が1年超5年以下
短期債	償還期間が1年以下

▼通貨による分類

外貨建て債	米ドルやユーロといった外貨建てで発行され、資金の払い込み・利払い・償還がすべて外貨建てで実施される。円換算の受取額が為替相場に左右される
円貨建て債	日本円建てで発行され、資金の払い込み・利払い・償還がすべて円建てで実施される。為替リスクはない ・ユーロ円債：日本国外で発行された円建て債券 ・サムライ債：海外の発行体が日本国内で発行した円建て債券
デュアル・カレンシー債（二重通貨債）	資金の払い込み通貨と、利払い・償還のいずれかに使われる通貨が異なる債券
外国債券（外債）	債券のうち、発行体、発行場所、通貨のいずれかが外国であるもの

公共債には政府が発行する「**国債**」のほか、都道府県や市町村が発行する「**地方債**」、政府と関係の深い機関が発行する「政府関係機関債」が含まれます。

民間の一般事業会社が発行する債券のことを民間債と呼びます。民間債には、一般の企業が発行するいわゆる「**社債**」や、特定の金融機関が発行する「金融債」などが含まれます。

発行体の種類以外にも、債券には様々な分類があります。購入しようとしている債券が各分類のどこに当てはまるかをしっかり理解することが、債券のリスクを測るうえで重要となります。

コラム 「債券（さいけん）」と「債権（さいけん）」は違う…

"サイケン"と聞くだけでは混同しかねない「債券」と「債権」。

「債」という字には"借りる"という意味が、一方の「券」と「権」はどうでしょうか。約束の印として取り交わす書類などを示す"券"に対して、何らかの行為を求めることのできるちからなどを示す"権"は全く意味合いが異なるものです。

つまり「債権」は、他人に対して何らかの行為を請求する権利を指します。そして「債券」は、発行体がお金を借りた際に出す借用証書（有価証券）です。証書である債券を購入した投資家は元本を返してもらう権利を持った「債権者」になるということです。

債券の発行体が万が一にも倒産などでデフォルト（債務不履行）に陥ってしまった場合、債券投資家らが開くのは「債権者集会」――と、少しややこしいのですが、別物を示しているということは意識しておきましょう。

どうやって取引する？

個人投資家が債券投資をする際には、**証券会社や銀行など金融機関で取引口座を開設して購入する**という流れになります。ほとんどの債券は発行体に委託された証券会社などが販売を請け負うからです。新しく発行される債券（**新発債**）は発行条件が決まると投資家に提示され、購入者を募ります。もし過去に発行され、すでに流通している債券（**既発債**）が欲しいとなると、証券会社などに市中から買い付けてもらう必要があります。

個人向け国債は額面1万円から、個人向け社債などは10万円単位や100万円単位などで買うことができます。

債券のリスクとは？

債券のリスクとして大きく二つ、**信用リスク**と**金利変動リスク**があります。外貨建て債券の場合は、これに**為替変動リスク**が加わってきます。

まず信用リスクとはなんでしょうか。債券は、保有すれば一定の利子を得られ、約束した期日を迎え満期となれば元本が手元に返ってきます。しかしそれらが約束通り支払われるかどうか、投資する時点では将来のことはわかりません。経営破綻など

で利子や元本の返済が遅れたり、不可能になったりと、約束通り実施されないことを**債務不履行（デフォルト）**と呼びます。このリスクを信用リスクと呼びます。

　発行体や債券そのものの信用度を測るのに参考になるのが「**格付け**」という物差しです。格付け会社が様々な情報をもとに付与しているもので、同じ債券でも格付け会社により異なることがあります。参考にする際にはいくつか見比べたほうがよいでしょう。格付け会社には格付投資情報センター（R&I）や日本格付研究所（JCR）、S&Pグローバル・レーティング、ムーディーズ・レーティングス、フィッチ・レーティングスなどがあります。

　格付けはシンプルなアルファベットなどで表されます。例えばR&Iでは最も安全性の高い「AAA（トリプルA）」から「C（シングルC）」まで9段階で示します。「BBB（トリプルB）」格以上で信用度が比較的良いと見られるものを「投資適格級」、「BB（ダブルB）」格以下を「投機的等級」と呼んで区別しています。

2

▼**格付けのイメージ**

投資適格	高	AAA	低
投資適格	信用度	AA	利回り
投資適格	信用度	A	利回り
投資適格	信用度	BBB	利回り
投機的	信用度	BB	利回り
投機的	信用度	B	利回り
投機的	信用度	CCC	利回り
投機的	低	CC	高
投機的	低	C	高

　なお、格付けはあくまでも参考情報であり、格付け会社が付与した格付けが絶対に正しいとは限りませんから、利用する際に注意しておきましょう。2008年のリーマン・ショックでは、複雑な金融商品の格付けが急に引き下げられ、価格が急落し、結果的にその商品を大量に保有していた金融機関の破綻につながったとみる専門家もいます。一方、株式を上場している企業であれば様々な情報が開示されますが、債券は上場していない企業も発行します。情報が足りない企業の信用リスクを見るときに、格付けは参考になります。

　債券を購入することで投資家は利子を受け取ることができますが一般的に、**格付**

47

けが低く（信用度が低く）なるほど債務不履行（デフォルト）になる可能性があるとみられるため、利率や利回りは高くなります。投資家の視点から見れば、高いリスクに対しては、高いリターンが要求されるためです。

コラム

「利率」と「利回り」？

「利率」と「利回り」は同じ％で表示され、どの程度の収益を得られるのかの指標となりますが、厳密には異なる用語ですので注意してください。例えば額面金額100円を払い込んで、1年後に100円が償還される利付債を考えてみましょう。1年間保有した時に受け取る利子を5円とします。

「利率」とは額面金額に対する1年間の利子の割合を指すものです。利子は5円なので、利率は5÷100で5％になります。

一方の「利回り」は投資元本に対する収益の割合となります。同じでは？　と思うかもしれません。確かに債券を額面金額100円で購入すれば、利回りは利率と一致します。ですが、経営不安や金利上昇で債券を割安に購入できた場合はどうでしょう。90円で購入すれば投資元本は90円となるため、年間の利子の利回りは5÷90で5.6％に上昇します。さらに、償還まで持ち続ければ差額の10円も得られるため、利子と償還差額を合わせた全体の利回りは15÷90＝16.7％となります。

債券は償還日まで持ち続ければ額面価格が戻ってきますが、債券そのものの取引価格は様々な要因により上下します。値下がりしたときに購入すれば、利率よりも高い利回りの商品を買えたことになります。

なお、額面金額100円を払い込んで、利子がつかない代わりに1年後に90円が償還される「割引債」の場合、利子がないため利率は0％ですが、差額の10円が利子相当額になるため、利回りは10÷90の11％になります。

次に金利変動リスクとはなんでしょうか。

購入すれば企業の株主になることができる株式と違い、社債はいくら買ってもお金を貸すだけです。企業の業績が良くなれば、株式ならば配当金の増額が望めるかもしれませんが、社債は発行時に約束された以上の利子を得ることはできません。企業が成長しても経済環境が変わっても、利子額は増えませんし、償還される金額も変わりません。

債券の利率は基本的に、発行時の金利水準を基準にして決まります。つまり、金利が上昇すれば、その時に新しく発行される債券の利率は上昇します。

額面価格100円、利息5円（利率5%）の債券を100円で購入した場合を考えてください。その後、金利が上昇し、同じ信用力で額面価格100円、利息6円（利率6%）の債券が新しく発行されたとき、利率5%の債券は100円でほかの人に売却するのが難しくなります。なぜなら同じ100円で利率6%の債券が買えるからです。

どうすれば利率5%の債券を売却できるでしょうか。それは利率6%以上の利回りになる水準まで、売却値段を下げる必要があります。

これが金利が上がると債券価格は下がる（金利が下がると債券価格は上がる）仕組みです。このように債券価格が金利変動の影響を受けることを、金利変動リスクと呼びます。債券の償還までの期間（残存年数）が長いほど、金利上昇に対する価格の変動は大きくなります。

もっとも、下がるのはあくまで、発行後の流通市場での価格です。市場価格がいくら下がったとしても、投資先が倒産さえしなければ、満期には100円が償還されます。信用度の高い企業や国債であれば、日々の値動きをさほど気にする必要はないでしょう。

気を付けなければならないのは、為替変動リスクです。外国の通貨で利子や償還金が支払われる場合、日本の個人投資家が受け取る際には日本円で受け取るため、受け取り時の為替水準によって円換算の金額が変動してしまいます。基本的に、投資したときよりも円安が進めば円換算の収益にプラス、円高が進めばマイナスとなります。

同じ企業の株式と債券は何が違う？

個人投資家に向けて社債を募集するような企業は特に名の知れたところが多く、「ブランド力」も追い風に人気を集めることも珍しくありません。でも、そんな企業は株式投資も魅力的にみえることがあるでしょう。同じ企業の株式と債券への投資では何が違うのでしょうか。

株式には「インカムゲイン（配当金）」があることは前述のとおりですが、債券では利子収入がこれにあたります。いずれも資産を保有し続けることで継続的な収入を期待することができます。

債券は利率という形で一目瞭然ですが、株式のインカムゲインは、購入した株価

に対して一年間でどれだけの配当を受け取ることができるかを示す配当利回り（詳細は第5章で説明）で確認することができます。

　株式市場では、配当利回りが4～5%を上回るような銘柄も珍しくありません。一方、債券市場では、最近（2024年1月～7月）発行された個人向けの債券で利率が年4～5%を超えるような銘柄はありません。表にある三井住友フィナンシャルグループやみずほフィナンシャルグループは、8月時点で配当利回りが3%以上あり、社債の利率より高いです。

▼ 2024年1～7月に発行された個人向け社債　発行利率上位10銘柄

	銘柄名	債券分類	年限	利率
1	ソフトバンクグループ 第59回無担保社債	普通社債	7年	3.04%
2	ソフトバンクグループ 第63回無担保社債	普通社債	7年	3.03%
3	光通信 第48回無担保社債	普通社債	7年	2.05%
4	三井住友フィナンシャルグループ 第20回無担保社債（劣後特約付）	劣後社債（※）	10年	1.946%
5	みずほフィナンシャルグループ 第30回無担保社債（劣後特約付）	劣後社債（※）	10年	1.837%
6	GMOフィナンシャルホールディングス 第4回無担保社債	普通社債	3年	1.73%
7	インヴィンシブル投資法人 第11回無担保投資法人債	投資法人債	5年	1.47%
8	三井住友フィナンシャルグループ 第19回期限前償還条項付無担保社債（劣後特約付）	劣後社債（※）	10年	当初5年1.393%
9	みずほフィナンシャルグループ 第31回期限前償還条項付無担保社債（劣後特約付）	劣後社債（※）	10年	当初5年1.358%
10	ソフトバンク 第24回無担保社債	普通社債	7年	1.24%

（※）普通社債に比べ破綻時の返済順位が低い一方、利回りが高く設定される債券

　発行体が債務不履行に陥らない限りは一定の利子と元本が返ってくる社債と、投資元本（＝株価）や将来の配当額が変動し続ける株式の配当利回りでは、投資家が負うリスク量が大きく違いますから、単純に比較するわけにはいきません。価格変動リスクなど先行きの不透明感（リスク）が高い方が、基本的には高いリターン（利回り）が得られるという投資の原則があります。

▼同じ企業の株式と社債にそれぞれ投資したら…？

	社債を購入すると…	株式を購入すると…
投資元本	満期を迎えれば償還される	業績に応じて価格変動する
インカムゲイン	利払日にクーポン（利子）を受け取れる	業績に応じて配当金を受け取れる
企業の業績が良くなると	当初決まったクーポン収入のみ（投資のリターンが増えることはない）	株価が上がり、配当金も増えるかも（投資のリターンが増える可能性がある）
企業の業績が悪化すると	当初決まったクーポン収入は確保（投資のリターンが減ることはない）	株価が下がり、配当金も減額／無くなるかも（投資のリターンが減ってしまう）
企業が倒産すると・・・！	債務不履行（デフォルト）に。債権回収がどれだけできるか…	株式の価値はなくなってしまう…

　一方、債券と株式の商品性の大きな違いの一つが、金利変動に対する耐性です。先ほど説明した通り、金利が上がれば債券の流通価格は下落しますが、金利が上がっても業績を伸ばすことができれば株価は上昇する可能性が高い、という違いもあります。

　株式も社債も投資する際には個々の企業の経営状況などを確認する必要がありますが、"倒産のリスクはないか"を見極めるのは大切なポイントです。社債は発行企業の業績がどんなに悪化しても、満期日まで倒産さえしなければ、発行時に約束された利子と元本は投資家の手元に入ってきます。中途換金の必要がなければ売りたい時に売れない"流動性リスク"や、値下がり益を被るかもしれない"価格変動リスク"は多少目をつぶることはできます。ですが、倒産してしまうと満額が手元に戻ってくることはほぼありませんので、債務不履行（デフォルト）リスクは避けなければなりません。株式も倒産のリスクが高まれば、そのリスクを織り込むように株価が下落するでしょう。

なお、万が一の際に債務者にどの順で債務を返してくれるかを「弁済順位」といいますが、経営破綻時に残った財産の弁済順位は一般的に、普通社債＞劣後社債＞株式、となっています。弁済順位が劣後する（リスクが高い）分、利回りは高くなるという仕組みです。

▼弁済順位とは
　債券の発行体（国や企業など）が経営破綻した場合、債権者にどの順に返済してくれるか

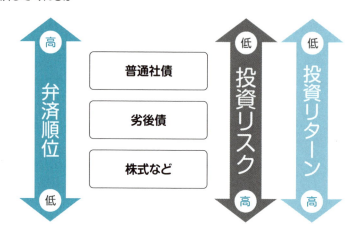

3 投資信託とは？

投資といえば株か社債を買えばいいんだなって思っていたけれど、欲しい時に欲しいものを欲しい値段で買うって何だか難しそうだよね

確かに株や社債を買うには調べることが多いかもしれない。投資を始めたばかりの初心者にはプロが代わりに運用してくれる投資信託がおすすめだよ

投資信託は初心者におすすめ？

　投資信託とは、投資家から集めた資金を一つの大きな資金としてまとめ、資金運用の専門家が株式や債券などに投資をし、得た利益を投資家それぞれの投資額に応じて分配する金融商品です。

　専門家が運用し管理してくれるので、初心者でも挑戦しやすいといわれています。海外の株式や債券などに投資する投資信託もあり、個人では投資しにくい分野に投資できるなどの魅力もあります。

　個別の株式や債券の売買にはある程度まとまった資金が必要ですが、投資信託は100円程度の少ない資金から投資を始められる金融機関もあります。また資産運用では分散投資がとても大切ですが、投資信託には複数の金融商品が組み入れられているため分散投資につながります。投資信託を一括ではなく積立投資の方法で購入すれば、投資する時間も分散することもできます（第1章を参照）。

　投資信託は組み入れている株式などの資産の時価評価を基に1日1回、価格が算出され、公表されます。投資信託の値段を「基準価額」と呼び、一万口当たりの値段で公表するのが一般的です。日々の基準価額は、ホームページや新聞などで確認できます。投資信託は、この基準価額に応じて運用成果を算出し利益を分配します。利益分配のタイミングはそれぞれの投資信託ごとに異なります。

投資信託は「**ファンド**」と表現されたり、略して「**投信**」と書かれたりすることもあります。

▼投資信託の特徴

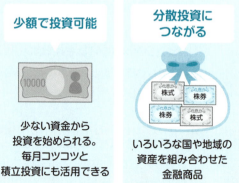

投資信託を作り、運用しているのは資産運用会社ですが、多くの運用会社が直接販売をしているわけではありません。投資家は販売会社（証券会社や銀行などの金融機関）を通じて投資信託を購入します。投資家が投資信託を購入した資金はひとつにまとめられ、資産を管理する受託銀行（信託銀行）に保管されます。簡単に図にすると以下のようになります。

▼投資信託の仕組み

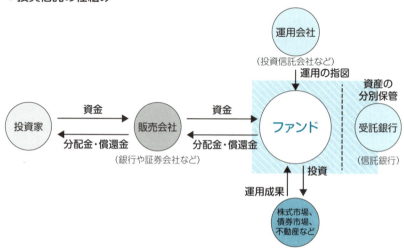

資産運用会社ではファンドマネジャーを中心に集めたお金をどこに投資するのか
を決め、投資信託を運用していきます。投資信託を購入する投資家や保有している
投資家に向けて運用レポートなども提供しています。

アクティブとパッシブ？

　投資信託（ファンド）は、投資家から集めたお金を運用の専門家が金融市場で株式
や債券などに投資・運用する金融商品ですが、その運用方法は「**アクティブ運用**」と
「**パッシブ運用**」の大きく2種類に分けることができます。

　投資信託の運用においては、その運用実績を測定し、評価するための基準が必要
となります。その基準を**ベンチマーク（運用指標）**といいます。ベンチマークには市
場全体の値動きを表す**指数（インデックス）**が設定されています。例えば日経平均株
価や東証株価指数（TOPIX）は国内株式市場の、ダウ工業株30種平均やナスダック
総合指数、S&P500種株価指数は米国株式市場の代表的なインデックスです。

　アクティブ運用とは、このベンチマークを上回る運用成績をあげることを目標と
する運用方法です。例えば日経平均やTOPIXをベンチマークにするアクティブファ
ンドならば、株価の上昇が期待される個別銘柄を厳選して投資し、それらの指標を
超える投資成果を目指し積極的に運用します。価格が上下に振れるリスクは大きく
なりますが、得られる投資リターンも大きくなることが期待できます。

　一方で、ベンチマークに連動する運用成績を目指すのがパッシブ運用（あるいはイ
ンデックス運用）です。ベンチマークとする指数の動きに連動するように機械的に運
用します。ベンチマークが下がればファンドの価値も一緒に下がってしまいますが、
市場全体の値動きとそう大きくはズレないのでリスクは相対的に小さくなります。
また、運用銘柄を細かく選定していくわけでもないので、コストも比較的少なく抑え
ることができます。

▼アクティブ運用とパッシブ運用の違い

	アクティブ運用	パッシブ運用（インデックス運用）
目標	ベンチマークを上回る運用成績	ベンチマークに連動する運用成績
リターン	相対的にハイリスク・ハイリターン	ベンチマークと概ね同等
投資銘柄	運用のプロが選定した銘柄	ベンチマークの構成銘柄
ファンドの種類	属性別やテーマ別など多種多様	ベンチマークの違い程度
運用成績	市場の動向と担当者の手腕次第	市場の動向次第
手数料	相対的に高い	相対的に安い

　アクティブ運用は、ベンチマークを上回る運用成績を目指すものですから、パッシブ運用よりも高いリターンを期待することができます。ただ、運用成果の振れ幅はアクティブ運用の方が大きく、時にベンチマークを下回ってしまうこともあります。一方で相場の下落時にはアクティブ運用では保有銘柄を組み替えたり現金の保有比率を引き上げたりと対応がとりやすい傾向があります。

　パッシブ運用では、指数を構成する銘柄全般に資金を振り向けることになるので、複数の銘柄に投資するのと似たような投資効果を期待できます。裏返せば、株式相場全体が下落すれば、下落するように運用するのがパッシブ運用です。相場全体が下落しているときに、逆に上昇するような運用を期待する商品でないということです。

　アクティブ運用ではSDGs（持続可能な開発目標）や脱炭素、健康など様々な切り口から投資対象を絞り込む「テーマ型」と呼ばれるファンドなどもあり、投資家の運用方針や理念に沿った投資がしやすいかもしれません。

　投資の際にかかるコストにも違いがあります。投資信託は買い付け時や運用中に手数料がかかります。パッシブ運用をするファンドでは販売手数料が無料というものがある一方で、アクティブ運用をするファンドでは3％を超えるものもあります。ファンドの運用・管理にかかる信託報酬にも大きく差があります。インデックスファンドでは年0.1％程度など全般に低いのですが、アクティブファンドでは情報収集や投資先の組み替えなど運用に手間がかかる分、信託報酬も1～2％台などと高めになっています。

どこで買う？ どうやって選ぶ？

　投資信託は、証券会社や銀行などの金融機関を通じて購入します。また、NISA（少額投資非課税制度）や個人型確定拠出年金（iDeCo、イデコ）などの制度を使って投資信託を購入することもできます。

　取引用の口座開設が終わったら、投資信託を選びます。金融機関によって取り扱う投資信託は異なるので、購入したい商品があらかじめ決まっている場合には、その取扱いのある金融機関を選んで口座を開設しておきましょう。

　投資信託の商品にはアクティブ運用をしているものかパッシブ運用をしているものか、という運用方法の違いの他にも、株式や債券、不動産といった運用資産の違い、国内のものか海外のものかといった投資地域の違い、分配金支払いの有無や再投資するかどうか――など様々な種類があります。

　投資信託を選択する際に気にしておいた方がいいのは、手数料です。購入時手数料、保有している間の信託報酬（運用管理費）、解約時の信託財産留保額などで、投資信託によって異なります。長期的な資産形成に取り組むのであれば、買い付け時や運用期間中にかかるコストもそれなりのものになるはずです。

　どのような投資信託を選んだとしても、元本割れのリスクがあることも意識しておきましょう。投資にはリスク（リターンの振れ幅＝標準偏差）が付き物ですから「運用で取ったリスクに見合うリターンを上げたかどうか」はとても重要な観点です。この投資効率の良さを数値化して比較できるようにした「**シャープレシオ**」は投資信託の分析記事・レポートや情報サイトによく出てくるので、探して見てみるとよいでしょう。

　シャープレシオとは「リスクを冒して運用した結果、リスクを取らなかった場合に比べると、どの程度リターンが上回ったのか」を表す指標です。この値が大きいほど、小さいリスクで大きなリターンを得られた、効率の良い投資だ、という判断につながります。単に何%の運用成果を挙げたかではなく、投資する商品や資産のリスクに見合うリターンを得られているのかを数値化することができるため、投資信託の運用実績の評価の比較にもよく用いられています。

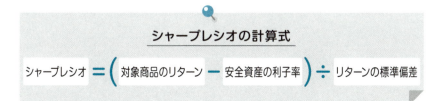

シャープレシオの計算式

シャープレシオ ＝ (対象商品のリターン － 安全資産の利子率) ÷ リターンの標準偏差

この式における安全資産の利子率は日本国債の利回りや無担保コール翌日物の金利など、リターンの標準偏差とは月次リターンのバラつきの大きさ、すなわちリスクの大きさを表しています。要は、対象の投信について「リスクがほとんどない商品と比べてどれだけリターンを上げたか」が分子、「月次リターンがどれだけバラつくか」を分母とし、計算しているということです。

　シャープレシオを使えば「同じリターンでリスクが低いもの」や「同じリスクを取りつつリターンがより高いもの」を見分けることができます。投資信託のパフォーマンスやリスク分析の場面でよく使われるシャープレシオは、一般的な投信では0.5〜1.0程度のことが多く、1.0を超えるとリスクに見合うリターンの出せる運用効率の良い投信とされます。シャープレシオは同じ種類の資産で運用する投信を比較するのに適しています。なお、すべて過去の運用成績を用いて計算する指標なので、将来を予測しているわけではないということは注意しておきましょう。

4 ETFとは？

投資信託って便利なんだね。でも1日に1回しか価格が動かないのはちょっと寂しいというか…

投資信託をもっと便利にした、ETFというものがあるよ。株式のように取引所で売買できる投資信託で、価格もリアルタイムで更新されるんだ。似た仕組みのもので、不動産に間接的に投資できるREITという商品もあるよ

ETFは投資信託とどう違う？

ETFとは「**E**xchange **T**raded **F**unds」の略で、証券取引所に上場している投資信託のことです。ETFには日経平均株価や東証株価指数（TOPIX）などの株価指数と連動を目指す投資信託などがあります。株式だけでなく、債券やREIT（不動産投資信託）、金などのコモディティ（商品）や通貨などいろいろな種類の指数と連動するETFがあります。また、国内だけでなく米国のS＆P500種株価指数など海外の指数と連動するETFもあります。

例えば、日経平均株価と連動するETFは、日経平均株価とほぼ同じ動きをするように運用されます。ですので、このETFを買うことは、日経平均採用銘柄をすべて買っているのとほぼ同じといえます。

ETFも投資信託の一種ではあり、一銘柄を買うと連動する指数を構成する銘柄に投資するような運用ができ分散投資につながるなど似ているところがあります。しかし、異なる部分も多くあります。一般に投資信託というと上場していない公募投資信託のことを指す場合が多いのですが、ここではその公募投資信託とETFの違いについて見ていきましょう。

大きな違いとして上場の有無のほかにも、価格更新のタイミングや、取り扱い金融機関などが挙げられます。

▼投資信託とETFの違い

　ETFは上場株式のように、取引市場があいている時間帯であればリアルタイムに変動する価格で売買することができます。投資信託では基準価額の更新は1日1回のみですから、注文を出しても取引成立まで価格がわかりません。

　商品の種類は投資信託の方が多いです。ただし、投資信託は金融機関により取り扱う商品が異なります。ETFは金融機関による取り扱いの差はほぼありませんが、投資信託とは異なり、銀行では取り扱っていません。

　なお、上場しているという点では、ETFは株式とも似ています。通常の株式投資では特定の企業に投資をしますが、ETFで日経平均株価に連動するものであれば複数の株式を組み合わせた金融商品になります。そのため、個別銘柄への投資よりも分散投資につながります。

ETFのメリットは？

　ETFは投資信託と同じように複数の株式や債券などを組み合わせた金融商品です。個別銘柄への投資は価格変動のリスクが大きく心配、様々な金融商品を組み合わせて運用したいなど、分散投資を考えている方にはETFはひとつの選択肢になることでしょう。ETFも少額からの投資ができますし、投資初心者にも取り組みやすいかもしれません。

　ここではETFのメリットを確認していきましょう。

まず大きな特徴は、複数銘柄を組み合わせる金融商品だからこその分散投資効果が得られるということです。資産運用において分散投資は大切ということはすでに述べた通りですが、様々な値動きをする資産を組み合わせてポートフォリオを組んでいくのはなかなか大変な作業です。これをETFを買うことで対応できるのはひとつの魅力です。

また、値動きがわかりやすいのもメリットのひとつです。日経平均株価やTOPIXなどに連動するETFであれば、その株価指数と同じような値動きをします。ETFの値動きをわざわざ見なくても、日経平均株価やTOPIXなどの代表的な株価指数をチェックすることで、保有しているETFの**値動きが予測できる**ことになります。

なおETFは市場が開いている時間であればリアルタイムに価格が変動する金融商品です。ですので、例えば大きなニュースが出て相場が大きく動きそうな場合に、タイムリーに買い注文や売り注文を出すこともできます。1日に1回しか基準価額が公表されない投資信託に比べれば、機動的に相場に応じた注文ができるともいえます。

そして銘柄にもよりますが、一般的に投資信託を買い付ける場合に比べるとETFの方が運用コストが低い傾向があります。運用コストが低いほど、長期投資には適しています。ETFへの投資では、売買手数料と保有にかかる信託報酬がコストとしてかかりますが、売買手数料も信託報酬も、一般的な投資信託と比較すると安くなります。

購入時の手数料は、取引する金融機関や商品により異なりますが、投資信託では「購入時手数料」として購入時に銀行や証券会社に支払います。一方のETFは商品ごとの手数料ではなく、株式と同じように「売買手数料」を取引する証券会社に支払うことになります。購入時手数料や売買手数料の有無や水準は商品や金融機関によって異なりますから、購入したいETFがあれば一度チェックしてみましょう。

REITはどんな商品？

ETFと同じく証券取引所などに上場している株式以外のものとして、**REIT（リート）**という金融商品があります。

REITは「**R**eal **E**state **I**nvestment **T**rust」の略で、不動産投資信託のことです。REITは、不動産投資法人が投資家からお金を集め、マンションやオフィスビル、商業施設、ホテル、物流倉庫など多様な不動産に投資をし、その不動産が受け取る賃貸料収入や売買による利益を投資家に分配する金融商品です。実際の不動産の購入や売却、不動産の保守管理などは不動産投資法人から委託された会社がします。

▼REITの仕組み

　ETFが指数に連動させる投資信託であるのに対し、REITは不動産で運用する投資信託です。証券取引所に上場しているREITは、株式と同じように証券会社で口座を開設することで取引することができます。
　REITもここまでにご紹介した投資信託やETFと同じく、少ない資金で分散投資が可能といった特徴があります。
　そもそも不動産を直接購入するとなると数千万円単位の資金が必要になるでしょうが、REITであれば10万円程度から買えます。通常の不動産投資よりも格段に少ない資金で不動産投資を始められます。直接不動産を取得すると複数の不動産に投資することはなかなか資金面でも大変そうですが、REITなら商業施設や物流倉庫など個人では投資するのが難しい大型不動産も含め複数の不動産へ分散投資ができます。さらに、専門家が不動産の選定から維持・管理までするので、そういった手間が不要です。
　比較的高い利回りが見込めるのも魅力です。不動産投資法人は利益の9割を分配するなどの一定の条件を満たせば法人税が免除されるので、収益の多くが分配金として投資家に支払われます。上場している個別株式と同じ様に売買ができるので取引がしやすく、直接不動産を売買するよりも換金性も高いです。
　一方で、間接的とはいえ不動産への投資をすることになりますから、不動産の賃貸市場や売買市場、金利状況、経済情勢などの影響を受けて不動産の賃貸料収入が減ったり、不動産価格が下がったりすることで、REITの価格や分配金が変動することがあります。投資先の不動産が地震や火災などで被災した場合も価値が下がるかもしれません。取引所に上場していて流動性が高い一方で、元本割れをしたり、短期間で大きく価格が変動したりするリスクもあります。
　REITは、銀行や債券市場から借り入れたお金で不動産を買い、その賃貸料収入や売却益を投資家に分配するというのが経営の基本です。ですので、金利が上昇した時、借り入れコスト（＝利息）の増加で利益が減少してしまうのではないか、といっ

たことを市場は真っ先に懸念します。過去には、資金調達環境の急速な悪化により、経営破綻したREITも存在します。

　また、REITは不動産収入で経営されているため、一般の事業会社よりもリスクが小さく、株式相場に比べて価格変動が小さいと言われることがあります。確かに理論上はそうなのですが、そううまくはいかないのが市場です。経済環境が急速に悪化するとき、大口の投資家は現金を確保するため、換金しやすい資産から手放す場合があります。REITは取引所に上場しているため、現物の不動産よりも流動性がある、つまり売ったり買ったりしやすい商品です。そのため、換金しやすいREITが投げ売りされることもあります。日本国内のREITの主要な買い手の一角は国内の地方銀行です。REITに投資する際は、地銀の経営環境に目を向けてみると、少し投資の風景が変わるかもしれません。

5 他の金融商品は？

友達からは暗号資産取引を勧められるし、親からは保険で資産運用できると言われるし、別の友達からは先物やFXで大儲けしたと言われたよ

株や投資信託以外にも、僕らが投資できる商品はたくさんあるんだけど…意外とどれも複雑なんだ。とくに暗号資産と先物、FXは、しっかり理解してから投資しないと、思わぬ損失を被る恐れがあるよ

保険で資産運用はできるの？

　保険には生命保険や入院保険など人の命に関わるものから、自動車保険、火災保険、損害保険などモノに関するものまでいろいろな種類があります。最近は保険商品の多様化が進み、万が一の保障に加えて資産運用にも利用できる**貯蓄性**を兼ね備えた保険が増えています。

　資産運用もできる保険は、解約時に受け取れる解約返戻金や満期時に受け取る満期保険金が、支払った保険料に対して100％を超えるようなものです。保険料が比較的抑えられている掛け捨て型の保険では資産運用とはなりませんので、注意しましょう。

　資産運用に活用できる保険はいろいろありますが、代表的なものをいくつか見てみましょう。まず従来の生命保険に貯蓄性をプラスした「**低解約返戻金型終身保険**」です。保険料の払い込み期間中に解約してしまうと返戻金は低く抑えられている代わりに、月々の保険料が低く、貯蓄性が高くなっている特徴があります。保険料払込期間が過ぎた後に解約すると、払い込んだ保険料総額以上の返戻金を受け取れる場合があります。保険で資産運用をする代表的な保険商品です。

▼低解約返戻金型終身保険のイメージ

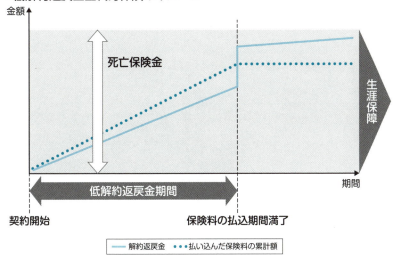

「10年間」「60歳まで」といった満期が設定されていて、満期時に払い込んだ保険料の総額以上の保険金を受け取れる「**養老保険**」は、万が一の保障と定期預金のような性質を併せ持った商品です。

▼養老保険のイメージ

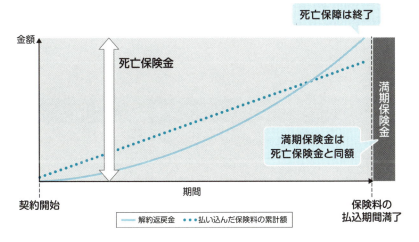

この他にも、一定期間保険料を支払った後に年金形式で決まった保険金を受け取

る「**個人年金保険**」や、子どもの高校や大学の教育資金（学費・入学金）への備えを目的に加入する「**学資保険**」なども返戻率や貯蓄性が高い保険として活用されています。

▼個人年金保険のイメージ

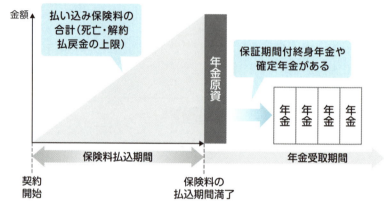

　保険を活用する資産運用では、万が一の保障に備えられるうえ、返戻率など将来の収益がわかりやすい、元本がある程度守られるといった特徴から資産運用が初めての人でも取り組みやすいとされています。払い込んだ**保険料は生命保険料控除の対象にもなりますから節税効果も見込めます**。ただ、長い払込期間の途中で解約してしまうと当初期待したほどの収益が得られなかったり、リスクの高い他の金融商品に比べれば利回りが低いケースがあったりもしますので、目的に合った商品を選ぶよう気を付けておきましょう。

証券会社でおすすめされるファンドラップとは？

　証券会社や銀行など金融機関が提供する「**ファンドラップ**」とは、それぞれの個人投資家の投資目的や投資方針といった資産運用の考え方をもとに、複数のファンド（投資信託）を組み合わせた資産配分を提案し、運用、管理までを総合的に提供するサービスのことです。資産運用に必要な作業の多くの部分を、金融機関に任せることができます。

　金融機関が提供するサービスですから手数料はかかりますが、大切な資金の投資・運用を専門家に任せることができます。投資なので利益が確約されているわけでは

ありませんが、複数のファンドに投資先を分散して中長期的に保有することで価格変動リスクを抑え、安定的な運用を目指す長期分散投資を基本として運用されています。

　個別の投資信託にも国内外の様々な資産を対象に分散投資を手掛ける「バランス型投資信託」というものがあります。定期的な資産配分の見直しをするなど、ファンドラップに似た部分も多い金融商品です。

　ファンドラップは個人の投資家のニーズや方針に沿った運用になりますが、バランス型投資信託は資産運用会社が決めた運用方針に基づく運用です。ファンドラップと投資信託の違いについて大まかな違いを見てみましょう。

▼ファンドラップと投資信託の違い

	ファンドラップで運用する場合	複数の投資信託を個別に買い付けて運用する場合
特徴	・投資家の投資方針を反映 ・投資信託を組み合わせた資産配分をプロが提案	・運用の専門家が投資、運用する個別の金融商品
投資先の選択 資産配分	・プロにお任せ	・投資家が自ら選定
運用管理	・プロが管理、運用	・投資家が自ら管理、運用
主なコスト	・投資一任契約に基づく報酬 ・投資信託の信託報酬 ・ラップ口座管理手数料　　　　　など	・購入時の手数料 ・信託報酬 ・信託財産留保額　　　　　　　　など

　ファンドラップを利用すれば資産運用に関する考えをプロに相談し、自分にあった適切な資産配分の仕方を見つけることができます。「投資一任契約」を結んで運用を任せることで、当初の資産配分の決定だけでなく、運用期間中の配分見直し（リバランス）も金融機関の専門家に委ねられます。投資家は運用にかかる労力を大きく省くことができますが、その分、自分で銘柄を選択して投資信託を買い付ける以上のコストが発生します。口座管理手数料や投資一任報酬、信託報酬など、運用・管理を銀行や証券会社などに一任するための手数料は運用総額の数％が必要となることが多いようです。

　またファンドラップは「長期分散投資」が基本ですから、ある程度の期間、まとめて預けておける資金が必要になります。投資信託を個別に買うのであれば1万円程

度から投資できるものが多いですが、ファンドラップを利用するには300万円、500万円など、最低投資金額としてはまとまった資金が必要になることが多いようです。

話題となった暗号資産とは？

投資先としていわゆる**暗号資産（仮想通貨）**もひところ話題となりました。代表的な仮想通貨であるビットコインが最初に一大ブームとなったのは2017年。ビットコイン価格は1年で20倍にもなり、1億円以上を手にする「億（おく）り人」も出たと国内でも話題となりました。ただ、その後は取引所からの仮想通貨の流出などを受け急速に相場が冷え込むなど乱高下を繰り返してきた経緯もあります。投機的な値動きもたびたびありますが、ビットコインは一時1ビットコイン（BTC）＝1000万円を超えるなど、ほんの十数年前には数万円の価値だったことを思うと夢のような値上がりをしています。ただ、投資先として考えるには仕組みやリスクを理解するなど、相応の用心が必要になってきます。

暗号資産には実物の紙幣や硬貨などはありません。円やドルなどの法定通貨とは異なり、発行を管理する中央銀行などは存在しません。実物資産などの裏付けもありませんが、専門の取引所を通じて円やドルなどと交換できます（取引所によって価格は異なります）。

決済手段として利用される場面もありますが、電子マネーとは異なるものです。交通系の電子マネーや小売り系の電子マネーは発行・管理をする企業などが存在しますし、法定通貨に裏付けられた価値があります。電子マネーは電子化した「日本円」ですが、暗号資産には特定の発行主体も管理者も存在していませんし、価値は常に変動しています。

一般的に、暗号資産は「ブロックチェーン」と呼ばれる分散型の取引記録管理技術により記録・管理されています。これは、インターネット上で複数のコンピューターを使い、すべての取引記録をお互いに監視しつつ情報共有する分散管理をすることで、取引記録の改ざんや消去を防ぐことが出来るとされている仕組みです。取引履歴（ブロック）を暗号技術により鎖のようにつなげるかたちで記録していくことから、ブロックチェーンと呼ばれています。

▼ブロックチェーンのイメージ

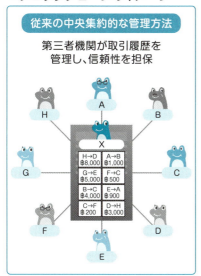

　ブロックチェーンが仕組み上、改ざんが困難な価値の記録と認識されることで、暗号資産を投資先や決済手段として期待し、値上がり狙いで資金を投じるケースも増えています。ビットコインのみならず数多の仮想通貨が生み出され取引もされていますが、株式や債券など他の伝統的な資産に比べると市場の厚み（流動性）は乏しく、思惑一つで相場は乱高下しやすい面もあります。

　最近ではブロックチェーン技術を活用した「非代替性トークン（Non-Fungible Token＝NFT）」も関心を集めました。先述したビットコインなどの暗号資産は「代替性トークン（Fungible Token＝FT）」と呼ばれており、両者の違いは代替できるかどうか、同じ価値のトークンを発行できるかどうかにあります。ただ、いずれも歴史の浅さから法整備が十分に整っていないなどの課題もあります。資産運用を考えている投資初心者の方は、まずは法制度が確立した安定的で伝統的な投資手法を試してみるのがいいでしょう。

デリバティブとは？

　株式、債券、金利、外国為替、通貨、金、原油などの元の商品（原資産）から派生した金融商品のことを「**デリバティブ**」といい、金融派生商品とも呼ばれています。

　デリバティブ取引は、将来の売買価格を決めて取引することで価格の変動リスクを回避できたり、実際の投入金額より大きな取引ができる**レバレッジ**を効かせた売買ができたりといった特徴があります。

　よく耳にするところでは、「日経平均先物」「TOPIX先物」といった株価指数の**先物取引**も、デリバティブ取引の一種です。先物取引とは、**ある原資産を、将来のあらかじめ定められた期日に、取引時点で決めた価格で売買することを「約束」する取引**です。期日に市場価格が約束した価格よりも高い水準に値上がりした場合、市場価格よりも安い約束価格で買うことができます。逆に期日に市場価格が約束した価格を下回った場合、市場価格よりも高い約束価格で買う必要があります。先物価格は、期日に原資産がいくらになるのか、という期待が織り込まれることで動きます。先物価格の変動が原資産に先行し、原資産の値動きに影響を与えることもよくあります。

　一方、**将来のあらかじめ定められた期日にある価格で商品を売買する「権利」を購入する取引**を**オプション取引**といいます。先物は「約束」なので、取引時点で決めた価格で期日に必ず売買しなければなりませんが、オプションは「権利」なので、権利を購入した側は自分に不利な価格になった場合は放棄することが可能です。権利を放棄すれば、損失は権利の購入料（プレミアム）にとどまります。

▼オプションの売り買い

	コール・オプション （買う権利）	プット・オプション （売る権利）
買った人	買う（権利行使）か やめる（権利放棄）か選べる	売る（権利行使）か やめる（権利放棄）か選べる
売った人	買う権利を与える （権利行使されると 売らなければならない）	売る権利を与える （権利行使されると 買わなければならない）

　具体的に考えてみましょう。例えば、Aさんが、ある商品を1万円で「買う権利」（**コール・オプション**と呼びます）を、Bさんから100円のプレミアムで買ったとします。Bさんは100円を得ます。この後、市場価格が1万2000円になったとき、Aさんは買う権利を行使すれば、商品を市場価格よりも2000円安い1万円で購入できます。一方、権利を売ったBさんは、Aさんの権利行使に応じる義務があるため、市

場で1万2000円で調達した商品を1万円でAさんに売る必要があります。つまり、2000円という1万円を上回った分が、買う権利を買ったAさんの利益となり、権利を売ったBさんの損失となるということです。逆に市場価格が8000円に下落したときは、Aさんは権利を行使しても市場価格よりも割高な価格で買うことになるため、買う権利を放棄します。Aさんの損失はプレミアムの100円にとどまります。これとは逆の「売る権利」（**プット・オプション**）も取引されています。

▼コール・オプションの取引の例

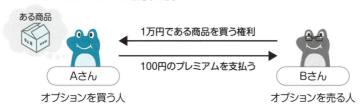

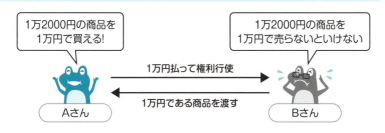

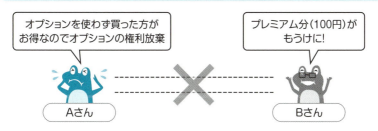

　このように先物・オプション取引では、将来のある時点で原資産をある価格で売る（買う）権利をやり取りするものなので、原資産の受け渡しは取引当初は発生しません。この契約や権利が未決済で残っているものを「**売り（買い）建玉**」や「**売り（買い）**

持ち高」と呼ぶことがあります。受け渡しが発生しないため、実際に原資産を保有していなくても、売りから入ることができます。建玉は、期日到来のほか、期日前の**反対売買**（買い建玉を市場で転売したり、売り建玉を市場で買い戻したりするなど、当初と反対の取引で建玉を解消すること）により決済されます。期日での最終的な決済でも、実際に原資産の受け渡しをせず、差額分を清算する「**差金決済**」となっているものも多くあります。

　もうひとつ代表的なデリバティブに、あらかじめ約束した条件で金利や通貨などのキャッシュフローを交換する**スワップ取引**というものもあります。将来の金利変動リスクをヘッジ（回避）する手段として貸し手の金融機関や借り手の企業が使ったり、個人向け金融商品に組み込まれたりしています。

　また、外国の資産で運用する投資信託では「為替ヘッジあり」「為替ヘッジなし」などの表記があります。これは運用の段階であらかじめ為替変動リスクに備えて為替取引のレートを事前に取り決める取引をするかどうかを表しています。これもデリバティブ取引を活用したもののひとつです。

　デリバティブ取引はこのように将来の売買や権利を対象として取引をするため、現物取引に比べて手軽に始められそうな気がするかもしれませんが、金融商品としては仕組みが複雑で取引の難易度は高いものです。デリバティブ取引の主な参加者は、運用を生業とするヘッジファンドや機関投資家などです。デリバティブ取引を始めるときには、商品の仕組みなどをきちんと理解する必要があり、投資初心者に軽々におススメできるものではありません。

　デリバティブ取引では損失の金額に関わらず期日に決済を行う必要があります。証拠金や担保金などを積み投資額の何倍もの売買ができるレバレッジを使った取引では、大きな損失が出る可能性があります。

　たとえばコール・オプションやプット・オプションの取引では、**権利を買った側は損失が限定されており、権利を売った側の損失は原資産の値動きに伴って膨らむ**ということを覚えておいてください。しかも、その膨らみ方は相場急落・急騰時の投資家心理の焦りや恐怖感で加速します。日経平均株価を対象としたオプション取引でも、オプションの売り手は、たった1日で数百万円、数千万円の損失を抱えることも十分あり得ます。

　なお、デリバティブ取引が最終的な決済期日を迎えた時の清算価格を**SQ（Special Quotation、特別清算指数）**といいます。決済日前に反対売買による決済をしない際の、清算価格として使われます。

FXは儲かる？

　FXとは「Foreign Exchange」の略で、日本におけるFX取引とは一般的には外国為替証拠金取引のことです。株式取引や債券取引では株や債券といった金融商品を売買して運用益を目指しますが、FX取引で売買するのは米ドルやユーロなどの外国の通貨です。

　FX取引の特徴は、証拠金として業者に預けた額の何倍もの大きさの取引ができることです。このレバレッジ効果により、実際に持っている資産以上の売買で大きな収益を得る可能性はありますが、半面、差し入れた証拠金以上の多額の損失を被るおそれのあるリスクの高い取引です。FX取引は、前述したデリバティブ取引の一種でもあります。

　企業の成長や市場の拡大などを反映する株式とは異なり、為替取引は二国間の通貨をやり取りするシーソーの関係にあり、一方が上がればもう一方は必ず下がります。ですので、FX取引は小幅な値動きの中で短期的な売買を繰り返して利益を上げていくような傾向が強く、中長期の資産運用にはあまり適さないとも言われています。

　それでも、少額の資金しかなくても取引が始められることや、取引時間に制限のないこと、相場が上がっていても下がっていても利益を狙えることなどから、投資家の間では一定の人気を集めているようです。ただ、元本も利益も保証されない取引ですし、相場次第では大きな借金を抱えることにもなりかねない非常にハイリスク・ハイリターンな取引であることは意識しなければなりません。

　FX取引における損益は、もともとの証拠金として預けた額ではなく取引金額によって決まります。例えば1ドル＝100円の時に100万円で1万ドルを買って、相場が円安方向に1円動いた時（1ドル＝101円）の利益は1万円です。これを証拠金100万円として10倍のレバレッジをかけて取引すると、1000万円で10万ドル買い付けたのと同じ状況になりますから10万円の利益を出すことができます。ですが、相場が円高方向に振れた場合は損失も10倍。レバレッジは規制があり最大25倍までですが、大きくするほど損失が多額になるリスクも膨らむことになります。

▼レバレッジ取引のイメージ

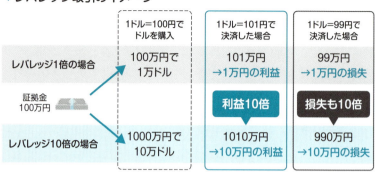

　また、ある一定の含み損失が発生してしまうと、それ以上損失を拡大させないための「強制ロスカット」となり自動的に決済されてしまうこともあります。相場次第では元本以上に損が出てしまうこともありますが、そうならないように取引を強制的に終わらせるのです。株式や債券、投資信託は、最悪の場合でも、投資元本がゼロになるだけですが、FXのようなレバレッジのかかった取引は、投資元本以上の損失を抱えることもあり得るためです。FX取引は非常にハイリスクな投資であり、知識がなければ資産を失うだけでなく、借金を抱える可能性もあります。

　FX取引は資産運用の範囲ではなく「投機」にあたるとの見方もありますし、これから資産運用を始めようという投資初心者の方に、軽々しくおススメできる方法ではありません。それでもFX取引を手がけたい場合は、**今の自分の持ち高だとドル円相場が1円動けば、いくら損失（利益）が膨らむのか、といったリスク管理**がしっかりできるようになってから、始めるべきでしょう。

6 金融商品と利回りの目安は？注意点は？

色々な金融商品を見てきたけど…結局どれが儲かるの？

金融商品はそれぞれリスクとリターンの関係があるので、この商品が絶対におトクだ！と言えることはないんだ。高いリターンが見込めるものは、その分、マイナス方向に大きく動く可能性があるってことさ。大切なのは、商品ごとのリスク・リターンと、自分の目標に対して、どれくらいの利回りが必要かを理解することさ

どの商品でどれくらいのリターンが得られるの？

　第1章でも説明しましたが、資産運用においてリスクとリターンの考え方は大切です。一般的にリスクと聞くと、「危険なこと」や「怖いこと」をイメージしやすいですが、資産運用の世界でのリスクはそういったものではありません。資産運用・投資において、リターンとの関係を測る際に使うリスクは、「リターンの振れ幅（標準偏差）」のことです。資産の価値が値上がりすることも値下がりすることも含め、将来どうなるのかわからないことを「リスク」といい、不確実であるほど「リスクが高い」と受け止められます。リターンとは「得られる収益」のことです。

　投資の世界でリスクとリターンの関係はおおむね比例しています。リスクが大きいものは、それだけ収益の振れ幅が大きくなります。リスクが小さくてリターンが大きいという都合の良いものはありません。

　資産運用の方法は、換金性の高く元本保証がされる預貯金などの「貯蓄」と、一定のリスクを取ったうえでより高いリターンを狙う株式や債券などの金融資産を保有する「投資」の2種類に分けられます。投資先として代表的な金融資産である国債や社債、株式などとリスク・リターンの関係をまとめると以下のようなイメージになります。

▼リスクとリターンの関係

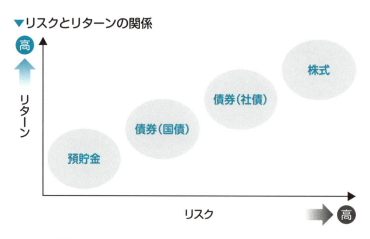

※一般的なイメージであり、すべての金融商品があてはまるものではありません。

　もう少し具体的に見ていきましょう。以下は第1章で紹介した図に、新興国の債券と株式を加えたものです。新興国は先進国よりも一般に、投資のリスク、特にカントリーリスクが高いとされます。以下は、国内株式、国内債券、海外（先進国、新興国）株式、海外（先進国、新興国）債券に投資する投資信託について、それぞれのリスクとリターンを投資対象ごとに色分けして図にしたものです。

▼資産別のリスクとリターンの関係

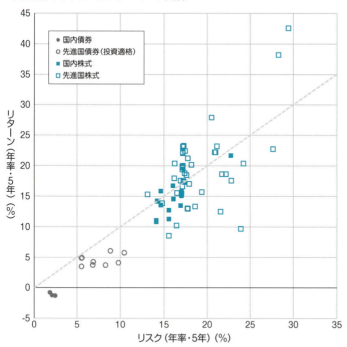

出所：QUICK資産運用研究所
※国内公募の追加型株式投信（ETF、ラップ・SMA専用、通貨選択型、マネープール除く）で2024年3月時点のデータ

　リターンとリスクがおおむね比例しており、リターンとリスクの小さい順に、国内債券＜先進国債券＜新興国債券≦国内株式≦先進国株式＝新興国株式となっていることがわかります。リターンは銘柄によりまちまちですが、日本株（国内株式）では5年間運用した場合は年率で10～20％程度、先進国株式への投資では同10～30％といったところに多く集まっているようです。

　資産運用をする上では、リスクとリターンについて、慎重に考えて商品を選ぶ必要があります。自分の年齢や家族構成、収入やこれまでの投資経験、資産状況、さらには性格などを踏まえて考えることが大切です。リスクを許容できるタイミングでは国内外の株式に投資し、資産を守るタイミングでは国内外の債券に資金を移すなどとリスクの大小を上手に組み合わせて、安定的な資産運用を目指しましょう。

「72の法則」って？

資産が2倍になる期間を計算する「72の法則」というものがあります。これは「金利の複利効果により資産が2倍になるまでの期間」を概算で弾き出すもので、計算式は「72÷金利（％）＝投資期間（年数）」です。

例えば金利3％でお金を運用した場合、「72÷3（％）＝24（年）」と約24年で2倍になります。金利が年1％なら72年、年5％なら14.4年です。金利が年0.001％であれば7万2000年も必要になります。

ただし、「72の法則」が使えるのは、複利運用の場合です。これが単利運用の場合はどうでしょうか。100万円を年3％で運用すれば、毎年3万円の運用益が出ます。資産を2倍にするためには運用益だけで100万円を貯めるわけですから、約33年が必要です。同じ金利でも、単利運用か複利運用かで資産を倍にする年数に大きな差が出てくるのがわかると思います。

▼「72の法則」のイメージ

金利	複利	単利
0.001%	72000年	100000年
：	：	：
0.01%	7200年	10000年
：	：	：
1%	72年	100年
2%	36年	50年
3%	24年	33年
4%	18年	25年
5%	14年	20年
6%	12年	17年
7%	10年	14年
8%	9年	13年
9%	8年	11年
10%	7年	10年

72の法則は、少しひねれば、複利運用で資産を2倍にするのに必要な金利をはじき出すこともできます。例えば、10年で資産を倍にしようと思えば「72÷10（年）≒7.2（％）」。年7.2％で複利運用する必要があるとわかります。

資産運用は資産を効率的に増やすために取り組むもの。ではどの程度のリターン

を求めていけばよいのかと考える際にひとつ参考になるのがこの「72の法則」です。資産運用の効率を考えるには投資金額に対する収益の割合（利回り）も意識していくとよいでしょう。

$$利回り（\%）=\left(\text{利息・分配金}+\text{売却損益}\right)÷投資金額×100$$

　例えば100万円で買った投資信託の1年間の分配金が5万円、その投資信託を102万円で売却し2万円の利益が出た場合の利回りは、（5万円＋2万円）÷100万円×100＝7％と計算できます（税金などは含まず）。利回りを見れば一定期間の投資成績も確認できます。

　ではこの利回りは高いほど良いかというと、そうでもありません。資産運用ではリスクとリターンは比例関係にあり、リターンが大きいということはリスクもそれだけ高いということ。リターンとリスクのバランスを考えつつどの程度の利回りを求めていけばいいのかという時に、72の法則を活用してみましょう。

外貨建て商品で注意することは？

　海外の株式や債券などの金融商品がリスクとリターンのバランスから考えて魅力的に見えることもあるでしょう。この本を書いている現在は日本が相対的に海外よりも金利が低く、海外の資産で運用した方が利回りのよい金融商品も多いからです。

　ただ、自国通貨以外での取引には注意が必要です。海外の金融商品に日本から投資する場合、**手持ちの円を現地通貨に交換して**海外資産を買い付けて運用します。いつかその運用を止める際には、**売却して得た現地通貨を円に再び交換することになる**でしょう。

　そんな時、為替相場の動きが投資成果に影響を与えてしまうことを「為替変動リスク」といいます。為替変動であなたの資産価値が変わってしまう可能性のことです。

　基本的には、買った時より円安になっていれば円建て換算価値はプラス、買った時より円高になっていればマイナスということになります。2024年前半時点では、米国株式の投資信託のリターンが非常に高く、個人投資家に人気となっていますが、そのリターンのかなりの部分が円安・ドル高による為替要因で説明できます。つまり、逆に円高になれば、含み益は急速に減っていくことになるでしょう。

このチャートはある期間の対ドルでの円相場の動きです。上に行くほど円安が進行していることを示します。①や②の時点で為替変動リスクのある金融資産を購入し③のレートで売却すれば、円換算で為替差益を得ることができます。外貨建て資産を購入した後に円安が進行すれば、金融資産の運用益に加え、わずかとは言えない額の円換算で為替差益を得ることも可能です。

▼為替相場と投資のタイミングのイメージ

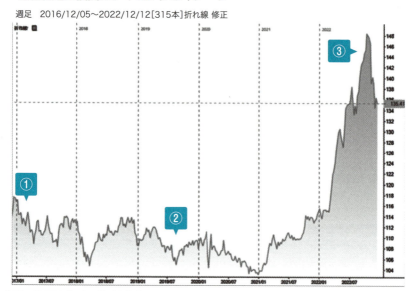

出所：QUICKデータに基づき作成

　一方で上記のチャートの①の時点で外貨建ての金融資産を購入して②の時点で売却した場合、②では円高が進行していますので、為替ヘッジなしでは為替差損が発生してしまいます。
　つまり、買い付ける時よりも円資産に戻すときの方が円安になっていれば為替差益が望めるのですが、相場が思う通りに動くとは限りません。為替相場が大きく振れると、こつこつと運用で増やした運用利益も吹き飛ばすほどの為替差損を被ってしまう——ということも十分にあり得ます。

　そんな為替の変動リスクを小さくする仕組みが「**為替ヘッジ**」です。一般に「ヘッジ取引」とは、現物の価格変動リスクを先物取引などを使い回避しようとする取引の

ことを指します。外貨で運用する際、円貨に戻す時期に備え先物取引であらかじめ将来交換する為替レートを予約してしまうのが為替ヘッジという取引です。

　為替レートが変動する不確実性があなた自身の投資にさほど問題ではないと思えれば、あえて為替リスクをヘッジする必要はありません。ただ、為替相場の先行きを予想するのはプロと呼ばれる機関投資家でも難しいとされます。足元の相場ではなく、資産運用にかける長い年月を思うとなおさら難しさも増すのではないでしょうか。

　為替相場の影響による資産価値の変動を気にせずに、外国株式や外国債券などの運用益をしっかりと狙いたいという方には為替ヘッジをするメリットがありそうです。ただし、為替ヘッジにはコストがかかる点には注意が必要です。

　投資信託などでも為替ヘッジ有り・無しと書かれている商品がありますので、是非確認してみてください。

第2部 株式投資を知る

第3章 株式市場を知る

株式市場はどこにある？

友達が働いている会社の株式が買えるって聞いたんだけど、どこで買えるの？

株式は証券会社を通じて証券取引所で買えるよ。取引所は上場している会社と投資家をつなぐ、売買の場所、つまり市場を提供しているんだ。昔は実際に証券会社の社員が取引所に集まって取引していたけど、今はもう全部コンピューターで処理されているよ

証券取引所とは？

「**証券取引所**」は、株式などの有価証券を取引（売買）する場所です。日本国内には現在、**東京証券取引所（東証）**、名古屋証券取引所（名証）、札幌証券取引所（札証）、福岡証券取引所（福証）の4つの証券取引所があります。

国税庁の2022年度のデータによると、日本全国で株式会社は269万社程度あります。しかし、そのすべてが証券取引所で売買されているわけではありません。証券取引所で売買できる会社の株式のことを上場株式といいますが、日本の証券取引所のうち最も規模の大きい東証には2024年10月末現在、4000社近い会社が上場しています。

会社がその株式を上場するには、事業の安定性や健全性、内部管理体制など各証券取引所で決められた審査基準をクリアする必要があります。証券取引所には上場会社と投資家をつなぐ重要な役割を担っており、投資家に安心して取引してもらえるように、取引対象となる上場会社の質を担保しているのです。

▼証券取引所の役割

証券取引所に上場する株式を取引したい人(投資家)は、証券会社を通じて各証券取引所に売り買いの注文を出します。証券取引所に多くの注文が集まり、一定のルールに基づいて注文を成立させることにより、流動性(取引のしやすさ)の向上と安定した価格形成を図ります。

証券取引所は、証券会社からの注文の監視や、売買が適正に行われているかなどのチェックをします。証券取引所が多くの注文を一カ所に集中させることにより、株価を円滑に決めたり、売買の公平性を確保したりすることができるというわけです。

証券取引所における売買注文は現在、すべてコンピューター処理で行っています。証券取引所にはかつて、「場立ち」と呼ばれる証券マンが手サインや身振りで株式売買の注文を伝え、取引を成立させていた立会場が取引所内にありました。

しかし、売買執行の迅速化やコスト削減などを図る目的で、東証では1999年に場立ちが廃止されました。いまではインターネット取引が主流となり、個人投資家にとっても株式取引はより身近な存在になったといえるでしょう。

証券取引所は世界各地にあり、米国のニューヨーク証券取引所やナスダック、欧州のロンドン証券取引所やドイツ取引所、アジアでは上海証券取引所や香港証券取引所などがあります。

取引の流れ・ルール　寄り付き・大引けとは？

取引時間は各証券取引所で決められており、東証の場合、現在の取引時間は朝9時〜11時30分と、お昼休憩を挟んだ午後12時30分〜15時30分に限られています。なお、午前の取引時間を「**前場(ぜんば)**」「**午前立会(ごぜんたちあい)**」、午後の取引時間を「**後場(ごば)**」「**午後立会(ごごたちあい)**」といいます。

日本国内の取引は月曜日から金曜日までの平日に行われています。土日祝日と年末年始(12月31日〜1月3日)の取引所は休場(きゅうじょう)となり、取引は行われません。

前場、後場それぞれの時間帯で、最初に成立した取引を「**寄り付き**」といいます。前場に付けた寄り付きの価格を「**始値（はじめね）**」と呼びます。前場、後場の最後に成立した取引を「引け」といい、前場の最後の売買は「**前引け**」と呼びます。後場の最後に成立した取引価格は「**大引け**」といい、この大引けの価格がその日の「**終値（おわりね）**」となります。1日の取引のうち最も高い価格を「高値」、最も安い価格を「安値」として、その日の「始値・高値・安値・終値」は各上場株式の株価のヒストリカルデータとして蓄積されていきます。

▼**国内現物株式の取引時間および株式用語**（東京証券取引所）

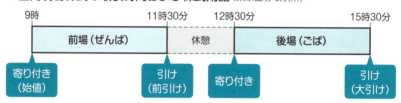

　証券取引所では、株式などの売買が公平かつ適切に行われるよう取引のルールを定めています。株式の取引価格については、「**価格優先**」と「**時間優先**」の2つの原則に則って売買を成立させます。
　価格優先の原則とは、買い注文では「最も高い価格の注文が優先」され、売り注文では「最も安い価格の注文が優先」されるというものです。投資家の気持ちとしては、なるべく安い価格で買って、なるべく高い価格で売りたいと思うものですが、証券取引所は売買を公平かつ迅速に進めるため、一番高い価格の買い注文と一番安い価格の売り注文との間で取引を成立させるのです。
　例えば、Aさんの「999円で1000株買いたい」という注文と、Bさんの「1000円で500株買いたい」という注文があるとします。この場合、注文の株式数の多い、少ないに関係なく、一番高い価格で買い注文を出したBさんの注文を優先させます。
　時間優先の原則とは、同じ価格の注文が複数ある場合、「先に出された注文が後に出された注文より優先される」というものです。投資家の売買注文は証券会社を通じて証券取引所に出されますが、同じ注文価格の場合は早い者勝ちで取引を成立させるという仕組みです。
　このように、価格優先と時間優先の原則のもと、誰もが公平に取引できるルールになっているのです。

PTSとは？

　株式投資は東証など証券取引所経由でしか売買できないと思っている投資家が多いかもしれませんが、実は証券取引所以外でも「PTS」と呼ばれる証券会社などが運営する**私設取引システム**を使って取引をすることが可能です。

　PTSは「Proprietary Trading System」の頭文字を略したもので「ピーティーエス」と読みます。日本のPTS市場はジャパンネクスト証券が運営する「ジャパンネクストPTS」やCboeジャパンが運営する「CboePTS（旧チャイ・エックスPTS）」などがあります。PTSを利用するには、取り扱っている証券会社で口座を開く必要があります。すべての証券会社がPTSに対応しているわけではない点に注意してください。

▼PTSの主なメリット・デメリット

＜メリット＞
・東証の取引時間以外に取引できる
・取引終了後の決算発表や夜間のニュースに対応可能
・取引手数料が安い

＜デメリット＞
・PTS取引に対応する証券会社が限られている
・売買が成立しにくいなど流動性に課題
・市場参加者が少ないため価格変動が大きくなりやすい

　PTSの一番の特徴は、証券取引所の取引時間外に取引できる点です。企業の決算発表や重大ニュースの発表などはこれまで、証券取引所の取引が終わってから発表されることが多く、PTS市場の取引ではそういった内容にも当日中に対応することができる点が大きなメリットです。また、海外市場のニュースを確認しながら取引することも可能です。

　PTS市場では、東証の取引時間だけでなく、東証の取引が始まる9時前（8時20分から）や、15時30分以降から夜間（23時59分まで）に取引することができます。

　PTS市場では、東証に上場している株式（個別銘柄）や上場投資信託（ETF）、不動産投資信託（REIT）を取引することができます。信用取引をすることもできますが、信用取引は日中だけで夜間はできないなど時間の制限があります。PTSの信用取引

が利用できる証券会社も限られています。

PTS取引の手数料は、証券取引所での取引より安いことが多いようです。夜間の取引は手数料を無料としている証券会社もあります。

PTSは東証の取引時間以外でも売買ができるといったメリットもある一方、東証に比べると売買高は小さく、好きなタイミングで取引が成立しにくいなど流動性の低さといった課題もあります。市場参加者が少なく、売りたい時に売れないといったリスクを負うことがあるのです。東証に比べて市場参加者が少ないこともあり、大きなニュースなど材料が出た場合は特に価格変動の幅が大きくなることもあるので注意が必要です。

株価はどうして動くの？

 株価は日々、上がったり下がったりしているけど、どうして動くの？

 なかなか本質的な質問だね。株価は買いたい人と売りたい人の需給バランスで決まる。企業業績や金利、為替、政治などの要因が複雑に絡み合って動くし、時には合理的に説明できない動きをすることもある。そこが投資の面白さでも難しさでもあるんだ

株価は何で決まる？

　株式市場において、株価は企業業績や景気動向など様々な要因を背景にした株式の需給バランスで上げ下げが決まります。買いたい投資家が多ければ株価は上がり、売りたい投資家が多ければ株価は下がるという、実にシンプルなものです。そのため、自分が良いと思った株を買っても、みんなが欲しいと思う魅力的な株でなければ株価は上がりません。反対に、自分が良いと思わない株でも、みんなが欲しいと思う理由があれば株価は上がります。

　株価の変動に最も影響するのは「**企業業績**」です。業績とは売上高や利益の額などを表すいわば企業の通信簿です。商品やサービスの提供の対価として得る売上高を伸ばし、より多くの利益を稼ぎ出す企業の通信簿は良くなります。その結果、投資家の人気も集まりやすく、買いたいと思う投資家が増えて株価は上昇する可能性が高くなります。半面、売上高や利益の伸びが乏しい企業に対しては、その株を買いたいと思う投資家が少なくなり、株価は低迷しやすくなります。

　企業業績のほか、景気、金利、為替といった「**経済的要因**」や「**政治的要因**」も株価の形成に影響を及ぼします。

▼株価の決定要因

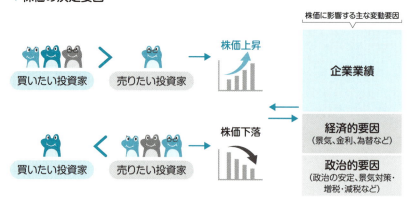

例えば、景気が良くなれば企業が販売する商品やサービスがたくさん売れて業績が拡大します。反対に景気が悪化すれば商品・サービスの販売が低迷し、業績も悪化しやすくなります。

金利は上がると株価にはマイナス要因、下がるとプラス要因になると一般的にいわれています。金利上昇は支払利息など企業の資金借り入れコストの増加につながり、金利低下は借入金の支払利息の軽減につながると考えられるからです。

為替は、ドルやユーロなどの主要通貨に対して円安になると輸出関連企業にとって円換算の利益を押し上げる要因になります。また、訪日外国人観光客（インバウンド）の流入を促すため、観光などのインバウンド関連企業も追い風になります。一方、円高は、原材料や部品などを多く輸入している輸入関連企業にプラスになるとされています（第4章を参照）。

「政治的要因」も見逃せません。企業業績が持続的な成長を実現するには政治の安定は必要不可欠です。時の政府が行う景気対策や増税・減税などの経済財政政策も株価を左右する大きな要因になります。

注文方法は？　ストップ高・ストップ安って何？

買いたい株、売りたい株が決まったところで、売買注文はどうすればいいのでしょうか。売買は証券会社を通じて証券取引所に注文を出すのが一般的ですが、注文方法として「**成行（なりゆき）注文**」と「**指値（さしね）注文**」があります。

成行注文は「価格を指定せずに注文する方法」です。いくらでもいいから買いたい（売りたい）と思った時など、取引を早く、かつ確実に行いたい時に適した注文方法

です。一方、指値注文は「具体的な価格を指定して注文する方法」です。想定外の価格で売買が成立することを避ける際に適した注文方法です。

価格を指定せずに注文する成行注文ですが、どんな価格でも取引が成立するわけではありません。個別株の株価は一日の**値動きの上限（ストップ高）と下限（ストップ安）**である「**制限値幅**」が決められているからです。

制限値幅は、株価の暴落や急騰を防ぐために導入されています。一日の株価変動を限定することで、投資家の恐怖心や過熱感を和らげることも期待できます。

例えば、相場の急落局面では不安心理の高まりから我先にと売り注文が殺到します。ただ、制限値幅があるため、一日で底なしに株価が下がり続けることはありません。制限値幅でいったん取引をストップすることで、投資家に時間的な猶予を与えて冷静な投資判断を促そうとするのです。

▼東証が定める制限値幅表（2024年10月末時点）

基準値段	制限値幅	基準値段	制限値幅
100円未満	上下30円	150,000円未満	30,000円
200円未満	50円	200,000円未満	40,000円
500円未満	80円	300,000円未満	50,000円
700円未満	100円	500,000円未満	70,000円
1,000円未満	150円	700,000円未満	100,000円
1,500円未満	300円	1,000,000円未満	150,000円
2,000円未満	400円	1,500,000円未満	300,000円
3,000円未満	500円	2,000,000円未満	400,000円
5,000円未満	700円	3,000,000円未満	500,000円
7,000円未満	1,000円	5,000,000円未満	700,000円
10,000円未満	1,500円	7,000,000円未満	1,000,000円
15,000円未満	3,000円	10,000,000円未満	1,500,000円
20,000円未満	4,000円	15,000,000円未満	3,000,000円
30,000円未満	5,000円	20,000,000円未満	4,000,000円
50,000円未満	7,000円	30,000,000円未満	5,000,000円
70,000円未満	10,000円	50,000,000円未満	7,000,000円
100,000円未満	15,000円	50,000,000円以上	10,000,000円

出所：東京証券取引所

売り買いの需給が偏りすぎて売買が成立しない日が続いた場合、東証の取引ルールに則って制限値幅は拡大されます。具体的には、2日間連続して以下に示す2要件のいずれかになった場合、翌営業日から制限値幅は4倍に拡大されます。

91

①ストップ高（安）となり、かつ、ストップ配分も行われず売買高が0株

②売買高が0株のまま午後立会終了を迎え、午後立会終了時に限りストップ高（安）で売買が成立し、かつ、ストップ高（安）に買（売）呼値の残数あり

株式売買をする時には、制限値幅を意識した上で注文を出す必要があります。

時価総額って何のこと？

株価が1万円の企業と1000円の企業を比べた場合、1万円の企業の方が事業規模も企業価値も大きいと思うかもしれませんが、実は必ずしもそうとはいえません。企業の規模や価値を判断する際に活用されるのが「時価総額」です。時価総額は「株価×発行済み株式数」で計算します。

時価総額をみると、その企業全体の価値や信頼性の把握につながります。時価総額が大きければ、その企業の価値は高く評価されているといえます。時価総額は企業全体の値段でもあり、M&A（合併・買収）などを実施する際の必要な金額がどれほどなのかを測る物差しになります。

各企業の時価総額を知ることで、その企業の市場全体および同業他社との位置関係を把握することができます。時価総額は株式の売買注文を出すときに注目する値というよりは、売買する前段階において銘柄間の「比較」をし、分析する時に活用する重要な値だといえます。

▼日本の時価総額ランキングトップ10（2024年7月末時点）

No.	銘柄名	時価総額
1	トヨタ自動車	40.8兆円
2	三菱ＵＦＪフィナンシャル・グループ	18.7兆円
3	ソニーグループ	15.3兆円
4	キーエンス	14.7兆円
5	日立製作所	14.3兆円
6	ＮＴＴ	13.8兆円
7	リクルートホールディングス	13.0兆円
8	ファーストリテイリング	12.8兆円
9	東京エレクトロン	12.7兆円
10	三井住友フィナンシャルグループ	12.7兆円

出所：QUICKデータを集計

アノマリーとは？

株価は企業業績や経済的・政治的要因などに基づいた投資家の売り買いの需給バランスによって決定されますが、経済的合理性などでは説明できない価格変動が起こることもしばしばみられます。こうした現象を相場の**アノマリー**（経験則）と呼んでいます。

株式市場におけるアノマリーとは、具体的・理論的な根拠はないものの、経験的に観測できるマーケットの規則性のことをいい、投資の世界ではしばしば無視できないほどに高い確率で起こる現象があるといわれています。

アノマリーには、投資銘柄の属性が関係するものと、季節や時期が関係するものの2つに大別できます。投資銘柄の属性が関係する主なアノマリーには、「小型株効果」や「配当アノマリー」、「腕組みの法則」といったものがあります。

▼投資銘柄属性が関係する主なアノマリー

アノマリー	内容
小型株効果	時価総額の小さい小型株の方が大型株よりも収益率が相対的に高くなりやすい傾向にあること
割安株効果	PBRなど株価指標面で割安株のリターンが割高株のリターンに比べて大きいという法則
配当アノマリー	高配当銘柄の株価が配当の権利付き最終売買日に向けて上昇する現象
モメンタム効果	値上・下がりした銘柄がさらに上昇・下落するなど、相場が一方向に進みやすい傾向にあること
リターン・リバーサル効果	株価が下がった銘柄はいずれ反発し、値上がりした銘柄は下落することが多いという傾向にあること
低ボラティリティー効果	ボラティリティー（価格変動）リスクの低い銘柄の方が高い銘柄よりもリターンが大きいという現象
低PER効果	PERの低い銘柄は高い銘柄に比べて収益率が高くなりやすい傾向にあること
腕組みの法則	会社のホームページで社長が腕組みをしている企業は業績が伸びず、株価も下がるという法則

季節や時期が関係するアノマリーには、「1月効果」や「節分天井・彼岸底（せつぶんてんじょう・ひがんぞこ）」、「4月に日本株が買われやすい」、「ハロウィーン効果」、「十二支のアノマリー」、「サザエさん効果」、「ジブリの法則」などが挙げられます。

▼ 季節や時期が関係する主なアノマリー

アノマリー	内容
1月効果	株式市場に新規資金が流入しやすい1月のリターンが他の月よりも高くなりやすい現象
節分天井・彼岸底	節分の時期（2月上旬）に高値をつけて彼岸の時期（3月中旬）に安値をつけるという相場の言い伝え
4月に日本株が買われやすい	日本株の売買シェアの約7割を占める外国人投資家が4月に日本株を買うというアノマリー
5月に売り逃げろ	株式相場は4月に高値をつけ秋口にかけて調整する傾向があるため5月には株式を売った方が良いという米ウォール街の格言
夏枯れ相場	夏になるとお盆休みなどで市場参加者が減るため株式市場の取引高が減少し、相場があまり動かなくなること
ハロウィーン効果	10月末のハロウィーンに株式を買って半年後の4月末に売れば効率的に高いリターンが得られるという現象
年末ラリー	株式相場が年末に向けて上昇していくという現象
大統領サイクル	米国株は米中間選挙の年が底で大統領選挙の年まで上昇するという4年周期のサイクル
月替わり効果	月の変わり目（月末月初）に株価が上昇しやすい傾向にあるという現象
魔の水曜日	SQ（特別清算指数）値の算出がある週の水曜日は相場が軟調になりやすいという現象
2日新甫は荒れる	祝祭日などにより2日が月初立会日となった場合、相場の値動きが大きく荒れやすいという格言
十二支のアノマリー	えとにまつわる相場格言。「丑（うし）つまずき、寅千里を走り、卯（う）跳ねる」など
サザエさん効果	日曜日に放送される「サザエさん」の視聴率が上がると株価が下がり、視聴率が下がると株価が上がるという法則
ジブリの法則	金曜日にスタジオジブリ（ジブリ）作品が放映されると、週明けの株式相場が大幅に下落するというジンクス

　アノマリーを知識として頭の片隅に入れておくと投資の幅も広がり、投資パフォーマンスの向上につながる可能性もあります。

3 株式市場では誰が売買しているの？

株式市場で取引する人って僕ら個人投資家のほかにも誰かいるの？

実は日本株でも外国人の存在が大きいんだ。それに「クジラ」と呼ばれる巨大な投資家もいるよ。投資家それぞれに売買のやり方の特徴があるから、どんな投資家がいて、どんな癖があるのか確認しておこう

株式市場の投資主体は誰？

株式市場には様々な投資家が参加し、買い注文を入れる「買い方」と売り注文を出す「売り方」に分かれることによって取引が成立します。

株式市場を構成する投資家（投資主体）をおおまかに分類すると、海外投資家、個人投資家、法人、証券会社があります。法人は投資信託や事業法人のほか、生命保険や損害保険、信託銀行を含む金融機関などに分かれます。

投資信託や生損保、信託銀行などは、顧客から預かった資金を運用・管理する法人投資家の総称として、一般的に「**機関投資家**」と呼ばれています。

▼株式市場に参加する主なプレーヤーとその特徴

プレーヤー	投資主体	特徴・その他
海外投資家	海外の年金基金・投資信託・ヘッジファンドなど	売買代金シェア6〜7割、順張り傾向
個人投資家	現物取引と信用取引	逆張り傾向
法人	機関投資家	中長期の運用方針で投資
投資信託	投資信託の委託会社・運用会社	個人の資金を集めて運用
事業法人	一般的な事業会社	企業の自社株買いなど反映
信託銀行	年金基金など	世界最大の年金基金GPIFの存在
生損保	生命保険、損害保険	集めた保険金を運用

投資主体の中で、最も注目されているのが海外投資家です。海外投資家とは日本の証券市場に投資する外国籍の投資家のことで、具体的には海外の年金基金や投資信託、ヘッジファンドなどの大口投資家を指します。
　海外投資家は現在、日本株の売買代金シェアの6〜7割を占めています。そのため、海外投資家の売買動向は日本株の値動きに大きな影響を及ぼします。

　実際、海外投資家は日本株に対してどのような投資行動をとっているのでしょうか。投資主体別の日本株売買動向を知る手段として、東京証券取引所を運営する日本取引所グループが毎週公表している「投資部門別売買状況」が参考になります。投資部門別売買状況は海外投資家をはじめとする各投資家の売買状況を週間・月間・年間ベースで把握することができる便利な統計データです。

　投資部門別売買状況によると、海外投資家は2023年に日本株を約3兆1200億円買い越しました。2024年前半も買い越しが続き、同年1〜6月の累計買越額は約4兆3200億円に達しました。日経平均株価は2024年に史上最高値を更新し4万円台に上昇しましたが、海外投資家の買いが原動力になりました。

▼**海外投資家の日本株売買状況**

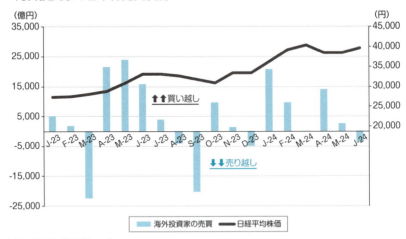

出所：日本取引所グループ

　個人投資家も注目される投資主体の1つです。海外投資家は相場の流れに乗って株価が上昇している時には買い、下落している時には売るという「**順張り**」の傾向が

あります。一方、個人投資家はその流れに逆らう「**逆張り**」の傾向があるとされます。投資部門別売買状況によると、2023年の個人投資家は海外投資家の買越額の規模に匹敵する約2兆9200億円の売り越しとなり、2024年前半も売り越しています。2024年1月に新しい少額投資非課税制度（NISA）が始まり、株式投資を始めた個人投資家も増えています。今後、個人投資家の存在感はさらに高まっていくことも考えられます。

　年金資産や投資信託などを運用する機関投資家は一般的に中長期の資産運用を基本方針としています。国民が加入している年金などの資産は主に信託銀行が預かっており、機関投資家の中でも特に信託銀行の売買状況に注目が集まります。

GPIFなどの機関投資家とは？

　機関投資家は、個人や企業などから預かった大量の資金を運用する大口投資家です。代表的なものに、我々の年金を運用する年金基金というものがあります。日本には公的年金を運用する年金積立金管理運用独立行政法人（GPIF）という世界最大の年金基金があります。その存在感の大きさから、GPIFの運用方針や資産ポートフォリオの状況は株式市場でも注目されています。

　GPIFは、Government（政府）Pension（年金）Investment（投資）Fund（ファンド・基金）の頭文字を取っています。GPIFは厚生労働大臣から寄託された年金積立金の管理・運用を行い、その運用収益を国庫に納付することにより、年金財政の安定に貢献する組織です。運用資金の年金積立金は将来の年金給付の貴重な財源になります。国民の年金資金を預かる以上、運用上の失敗は許されないため、GPIFは長期的な視野で分散投資し、適切なリスク設定のもとで年金積立金を安全かつ効率的に管理・運用し、大きな損失を生むことを防止しています。

　GPIFは2024年6月末時点の運用資産額が約254兆円に達する世界最大級の年金基金で、株式市場では「クジラ」と称されています。「クジラ」は第二次安倍晋三政権の時に話題に上りました。デフレ脱却からの長期金利上昇を想定し、これまで国債に偏ってきた運用を見直し、株式市場での存在感を高めたことがきっかけです。その豊富な資金力を活かし、株式市場で幅広い銘柄を一気に買うその姿から「クジラ」と称されるようになったのです。

GPIFの運用の特徴は、長期の分散投資にあります。GPIFでは、安定的な運用を目指すため、国内株式、国内債券、海外株式、海外債券の4資産をそれぞれ25％（上下6〜8％の乖離許容幅を設定）ずつ保有し、運用します。2024年6月末時点では、国内株式が24.37％、国内債券が25.85％、海外株式が25.34％、海外債券が24.45％という保有割合になっています。

　GPIFのような機関投資家の売買の特徴は、図のような資産分散の比率を維持しようとすることです。国内株式相場が大幅に上がり、値上がりのために国内株式の構成割合が25％を大きく上回ったとすると、25％を目指して圧縮するように売りを出すとされています。逆に、株式相場が急落して国内株式の割合が25％を大きく下回ると、比率を戻すために買いに動くと言われています。こうした売買を構成割合のバランスを調整する動きであることから**リバランス**と呼びます。

▼ GPIFの資産構成割合（2024年6月末時点）

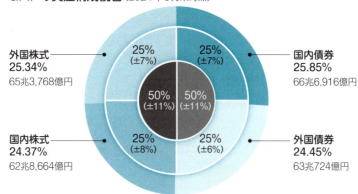

内側：基本ポートフォリオ（カッコ内は乖離許容幅）
外側：2024年6月末

出所：GPIFウェブサイト（https://www.gpif.go.jp/operation/29880651gpif/2024_1Q_0802_jp.pdf）「2. 運用資産額・構成割合（年金積立金全体）」をもとに作成

　GPIFによると、2024年4〜6月期の運用資産全体の期間収益率はプラス3.65％、収益額は8兆9732億円の黒字でした。2001年度の市場運用開始から2024年6月末までの収益率は年率プラス4.47％、累積の収益額は162兆円の黒字となっています。

▼市場運用開始後の四半期収益率と累積収益額 (2001年度〜2024年度第1四半期)

	2024年度第1四半期	市場運用開始以降 (2001年度〜2024年度第1四半期)
収益率	+3.65%（期間収益率）	+4.47%（年率）
収益額	+8兆9,732億円（期間収益額） うち、利子・配当収入は1兆5,071億円	+162兆7,708（億円累積収益額） うち、利子・配当収入は52兆6,972億円
運用資産額	254兆7,027億円（2024年度第1四半期末現在）	

出所：GPIFウェブサイト（https://www.gpif.go.jp/operation/29880651gpif/2024_1Q_0802_jp.pdf）「市場運用開始後の四半期収益率と累積収益額（2001年度〜2024年度第1四半期）」をもとに作成

　短期的な投資の場合、その時々の相場変動の影響を受けて収益がマイナスになることもあります。しかし、複数の資産をバランスよく投資し、かつ長期運用することでGPIFは安定した収益を上げていることがわかります。GPIFの投資手法は個人投資家にとっても参考になります。

ESG投資って何？

　GPIFなどの機関投資家は資産運用規模が大きいため、株価に与えるインパクトも大きくなります。これまで機関投資家は投資の判断材料として、企業の売上高や利益といった業績に重きを置く傾向にありました。しかし、気候変動問題や人種問題、格差問題など環境や社会問題への関心が高まるなか、最近ではこうした社会的課題を解決する企業を積極的に評価し投資しようとする動きがあります。これを**ESG**投資といいます。

　ESGは、Environment（環境）、Social（社会）、Governance（企業統治）の頭文字をとって作られた言葉です。ESGに配慮した経営をしている企業は、未来の社会を良くするための取り組みをしていると考えられています。収益面で考えた場合、すぐに利益に結びつかなくても、ESGを重視する企業は継続的に社会に受け入れら

れ、結果的に長期的に利益を出す可能性があります。そのため、ESG投資はリスクを抑えて長期的に運用することに適した投資手法として注目されるようになり、GPIFを含む多くの投資家がESG投資を採用するようになっています。

▼ESGの主な課題

E	Environment（環境）	地球環境への貢献
S	Social（社会）	労働問題、地域貢献、人権への取り組み
G	Governance（企業統治）	株主、顧客、従業員、地域社会といった利害関係者の立場を考慮

　ESG投資は長期的な目線で投資をするため、短期的な利益の追求には適していないとされます。しかし、ESGの観点で評価の高い企業はGPIFなど大口投資家の投資候補先企業になり得るだけに、個人にとっても注目に値する投資先の1つといえます。ESGの取り組みに対する評価の高い企業を組み入れたESG指数も多く出てきており、組み入れ銘柄を調べるだけでも投資の参考材料になります。

4 信用取引とは？空売りとは？

自分が持っている資金以上の金額の株式取引ができるって聞いたんだけど？

住宅ローンで借金をして不動産を買うのと同じような仕組みだね。株式取引では信用取引と呼ばれているものだけど注意してね。もし、借金よりも不動産の価格が下回ったら、不動産を売却しても借金を全額返済できないよね？　日々株価が大きく上下する株式市場でも、そこは同じなんだよ

信用取引の仕組みとは？　どうやって始める？

　株式投資の基本は、安く買い高く売って利益を得ることです。しかし、相場が下落している場面では、このやり方だけだと思うような利益を得ることは難しいものです。相場の下落局面でも利益を得られる可能性がある売買手法に「**信用取引**」があります。

　信用取引とは、証券会社に一定の保証金や証券を担保として支払うことで、資金や株式を借りて取引を行う投資のことです。一定の審査を経て証券会社から「信用」を得ることでお金や証券を借りて株式を売買するので「信用取引」と呼びます。一方、通常の株式取引のことを「**現物取引**」と呼びます。

　信用取引では、預けた担保の評価額の約3.3倍の取引ができます。仮に100万円の手持ち資金があれば、約330万円の取引が可能になります。担保として預けたお金を「委託保証金」、預けた証券を「代用有価証券」と呼びます。

　現物取引では、株式を買うことから始まり、その株式を売ることで利益を得ますが、信用取引では、お金を借りて株式を買う「信用買い」に加え、株式を借りてその株式を売りに出す「信用売り」の2つの取引があります。「売り」から取引を始められることが信用取引の特徴の一つです。

101

信用取引のうち、「**信用売り**」を簡単に説明します。信用売りは「**空売り（からうり）**」とも呼び、信用売りと空売りは同じ意味です。空売りは、証券会社に預けた保証金を担保に株式を借り、その株式を売って取引を始めます。株式を借りてきて売るため、株式を保有していなくても売りから入ることができます。借りた株式には返済期限があり、期限内に株式市場から買い戻して、証券会社に借りた株式を返却します。

　空売りの仕組みはこうです。例えば1株500円の株を空売りし、想定通りに値下がりし300円になったところで買い戻すと200円が利益になります。

　もう少し丁寧に説明すると、証券会社から株式を1000株借りて500円で空売り注文を出すと投資家に50万円の売却益がいったん入ります。その後、株価が300円に下げたところで買い戻すと、買い戻し価格は30万円になります。空売りで得られた50万円から証券会社に1000株を返却する際の価格30万円を差し引いた20万円が投資家の手元に残り利益になるというわけです。

▼**空売りで利益が出る仕組み**

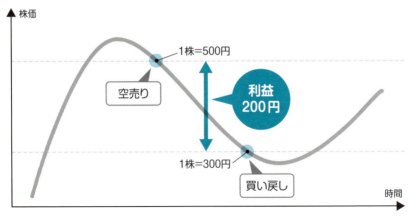

　半面、空売り後に株価が上昇した場合、その上昇分は損失となります。上記の例では株価が700円に上昇した時に買い戻すと、買い戻し価格は70万円になります。証券会社に株式を返済する際には20万円の不足額が生じることになり、この20万円が投資家の損失になるのです。

　空売りは、手持ち資金以上の大きな額で「売り」から取引を始められる特徴があります。大きく利益が出る可能性もありますが、思うように相場が動かなければ大きな損失を被る可能性があるハイリスク・ハイリターンな取引です。そのため、信用取

引には信用取引用の口座開設が必要で、開設するには投資経験など一定の審査があります。

信用取引のメリットとデメリットは？

信用取引のメリットは主に3つあります。

1 少ない資金で大きな取引ができる
2 相場の下落時に利益を狙える
3 現物株のリスクヘッジに利用できる

信用取引は手持ちの資金より大きな額の取引ができ、いわゆる**レバレッジ**（テコの作用）をきかせることができます。預けた保証金の3.3倍の取引ができるので、少ない資金で大きな取引が可能です。

信用取引は前述の通り、売りからも始められます。**信用売り（空売り）**といい、高く売って安く買い戻すことを狙った取引で、相場下落時でも利益を狙うことができるのは大きなメリットといえます。

値上がりを期待して保有している現物株に対し、その株を信用取引で空売りしておくと、株価下落の際に現物株のマイナス分を空売りの利益で相殺するリスクヘッジになります。

一方、信用取引のデメリットやリスクは主に3つあります。

1 ハイリスク・ハイリターンの取引である
2 売買手数料以外にも金利や貸株料などのコストがかかる
3 追い証が発生することがある

信用取引は手持ちの資金より大きな額のレバレッジ取引ができます。そのため、損益が現物取引より大きくなり、ハイリスク・ハイリターンの取引といえます。また、株価の下値には下限（0円）がありますが、値上がりに限度はありません。空売りは理論上、損失額は無限大ということになります。

信用取引では、通常の売買手数料の他にも費用が発生します。信用買いの場合、証券会社から資金を借りて株式を購入するので、借りた資金に金利がかかります。信用買いで支払う金利は株式を保有する限り続きます。返済方法は、信用買いした株

式を売却し決済する「反対売買」と、株式の代金を支払い現物で引き取る「現引き」の2つがあります。

　信用売りにも手数料がかかります。通常の売買手数料に加え、株式を借りてきて売るので株式を借りる「貸株料（かしかぶりょう）」が必要となります。
　また、信用売りが活発になった場合、証券会社が保有する貸し出し可能な株式が不足することがあります。この時、証券会社は外部から足りなくなった株式を調達しますが、この調達費用は投資家が負担する必要があります。この追加の手数料を「逆日歩（ぎゃくひぶ）」と呼びます。逆日歩は「品貸料（しながしりょう）」ともいいます。この「逆日歩」は「制度信用取引」という種類の信用取引でのみ発生するもので、「一般信用取引」ではかかりません（この二つの違いについては後ほど説明します）。返済方法は、信用売りした株式を買い戻して決済する「反対売買」か、信用売りした同じ銘柄の株式を証券会社に引き渡す「現渡し」の2つがあります。

　信用取引では証券会社に委託保証金を担保として差し入れていますが、追加担保の差し入れ義務（追い証）が発生する場合があります。これは、相場が下落した時などに、証券会社ごとに定められている最低の委託保証金維持率を割り込み、追加の保証金を差し入れなければならなくなることです。

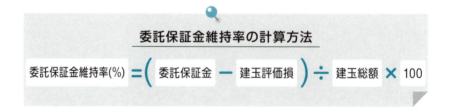

委託保証金維持率の計算方法

委託保証金維持率(%) = (委託保証金 − 建玉評価損) ÷ 建玉総額 × 100

　相場が急落したり、下落基調が続いたりした場合は、連日、追い証が発生することもあり得ます。追い証の差し入れ期限は割り込み率によっても異なりますが、翌日や翌々日と短いこともあり注意が必要です。期限までに追い証の差し入れができない場合は、証券会社ごとのルールにより代用有価証券の売却や建玉（信用取引の未決済分）の反対売買が強制的に行われます。それでも不足金がある場合は入金の必要があります。

制度信用と一般信用の違いは？

「信用取引」には制度信用取引と一般信用取引の2種類があります。

制度信用取引とは、東京証券取引所のような金融商品取引所等の規定によって、返済期限や売買できる銘柄、権利処理が決められている取引です。返済期限は原則6カ月となっています。また、制度信用取引で支払う場合がある品貸料（逆日歩）も、取引所が公表します。ちなみに、制度信用取引で空売り（売建）が可能な銘柄を「貸借銘柄」と呼びます。

一般信用取引とは、証券会社と投資家の間で返済期限や金利、貸株料などを独自に定められる取引です。返済期限は証券会社によって異なりますが、3年など制度信用取引の6カ月に比べると長めに設定されています。また、一般信用取引では逆日歩は発生しません。

どちらの制度でも金利や貸株料はかかりますが、一般的には制度信用取引の金利の方が一般信用取引よりも低くなっています。

信用取引が増えると相場に影響するの？

信用取引では、返済期限が信用期日として決まっており、決められた期日までに借りたお金や株式を返却する必要があります。信用売りの場合、決済されずに残っている信用売り残は決済期日が接近すると反対売買（買い戻し）で手仕舞うことが見込まれます。そのため、信用売り残は潜在的な買い要因と考えられます。

株価の値下がりを見込んで信用売りを出しても、予想に反して株価上昇が継続することもあります。売り方は損失を限定させるために売値より高い水準で買い戻しせざるを得ない場合も発生します。売り方に損失確定で買い戻しを催促するように株価が上昇し、買い戻しを巻き込んでさらに相場が上昇し続ける展開は「踏み上げ相場」ともいわれます。

一方、資金の返済が終わっていない信用買い残は潜在的な売り要因とみなされます。例えば個別株が高値をつけた近辺で信用買い残が積み上がり、制度信用期日の6カ月後が近づくと手じまいで売り注文が増えることも想定されます。ただ、株価の上昇が見込める個別株などでは、信用期日接近で出る売りが押し目買いのチャンスともなりえます。期日が接近して信用の買い方の売りが見込まれるタイミングで、新規の買いを入れることは「期日向かいの買い」とも呼ばれます。

5 IPOとは？

株式投資にも、宝くじのように値上がり確率が相当高い投資手法があるって聞いたけど？

初物は縁起がいいっていうけど、投資の世界ではIPOが当てはまるみたいだよ。ただ、投資の世界に絶対に甘い話はないんだ。IPOの値上がりは、その後、長期的な株価の低迷という形で跳ね返ってくることもあるよ

なぜ企業はIPOするの？

　東京証券取引所を中心とする日本の証券取引所には毎年、数多くの企業が上場デビューを果たしています。創業者など一部の株主の保有に限られていた未上場会社**の株式を証券取引所に上場し、広く株主を募集し、株式市場で売買できる状態にすることをIPO**といいます。IPOは「Initial Public Offering」の略称で、新規株式公開と呼ばれています。

　企業がIPOを行う理由は主に3つあります。

▼企業がIPOを行う主な理由

理由	説明
①資金調達の多様化	公募で新株発行し株式市場から直接資金を調達できる
②社会的信用力の向上	上場で知名度向上。金融機関や顧客への信頼性向上
③優秀な人材の獲得	上場企業のブランド力で人材獲得。既存社員の士気向上も

　企業がIPOを行う一番の目的は、会社の運転資金や事業拡大のための資金を調達することです。未上場企業は金融機関からの借り入れなどに頼るケースが大半ですが、IPO企業は株式を新規に発行し幅広く投資家に公募することで市場から直接資

金を調達することが可能になります。

　次に社会的信用力の向上が挙げられます。東京証券取引所には現在、4000社程度が上場していますが、上場企業の1社になることで知名度は上がります。知名度を上げることで、金融機関や顧客への信頼性が向上し、新たな取引先の獲得などにもつながる可能性が高まります。

　企業にとって最も重要な経営資源は人材です。上場企業になることでブランド力が向上し、優秀な人材を確保しやすくなります。既存の社員の士気向上にもつながり、人材の定着も期待できます。

　IPO企業への投資は個人投資家を中心に人気があります。IPO企業には、これまでになかった新しい技術やサービスなどを展開する魅力的な企業が数多くあります。VTuberやeスポーツ、メタバースなど目新しい事業を専業とする企業のIPOはいわゆる「初物案件」として人気を集めることもあります。

　未上場企業の中にはAI（人工知能）やIT（情報技術）、バイオ分野など今後大きく伸びる可能性の高い事業を展開する企業が多くあり、こうした企業がこの先、IPOに動く可能性があります。将来有望な魅力ある企業を早い段階で見つけることができるという点でもIPOは注目されやすいのです。

IPO投資のメリットとデメリット

　IPO投資として一般的に語られる売買手法は、上場前のIPO株を購入し、**初値**（上場後、最初に取引された株価）がついた日に売却することで利益を得る短期的な投資方法です。IPO株は人気を集めることが多く、たいていは抽選での購入になります。IPO株の抽選は、そのIPO株を引き受ける主幹事証券や幹事証券会社経由で参加できます。抽選に応募するためには引受証券会社の口座を開いていることが必要です。

　IPO投資は、上場前に実施される新株発行や売り出しの際に決められる価格（公開価格）で購入した株式を上場した日に売るだけなのでとてもシンプルです。IPO株の場合、その銘柄について投資判断に必要な重要事項を説明した目論見書があり、これを読み込む必要があります。目論見書とは、有価証券の募集や売り出しの際に交付することが義務付けられている書類です。IPO株には必ず目論見書があるので、投資を検討する時は必ず目を通しましょう。

IPO投資のメリットは、初値が公開価格以上になることが多く、短期的に利益を得るチャンスが大きいことです。一般的にIPO時の公開価格は企業価値から試算した理論価格よりも割安に設定される傾向（＝アンダープライシング）があり、人気のIPO株であれば初値は公開価格を上回る可能性が高くなります。大きく儲けられる可能性のあるIPO株投資なので、公開価格で購入できた時は、いわば「お祭り」的感覚で楽しむことができるのも魅力の一つかもしれません。

金融情報会社QUICKのデータによると、2024年上半期（1〜6月）にIPOを果たした企業38社のうち、初値が公開価格を上回った企業は32社でした。公開価格より高い初値が付くことを「勝ち」とすると、勝率は84%となりました。全38社の初値倍率（初値÷公開価格）は1.46倍でした。

▼ 2024年上半期のIPO企業数と初値勝敗

上場数	勝ち	負け	分け	勝率	初値倍率
38	32	4	2	84%	1.46

▼ 2024年上半期 初値倍率ランキング 上位5位

順位	銘柄名	コード	初値倍率
1	ジンジブ	142A	2.27
2	Cocolive	137A	2.24
3	情報戦略テクノロジー	155A	2.22
4	光フードサービス	138A	2.20
5	イシン	143A	2.07

出所：QUICKデータを集計

一般的にIPO株は初値が公開価格を上回ることが多いですが、当然、全ての銘柄がそうなるわけではありません。中には、初値が公開価格を下回る銘柄もありますので注意が必要です。

IPO株は新規に上場するので、どのように株価が変動するか過去の情報がないため予想が難しい点もあります。初値が一番高かった「初値天井」となるケースもあり、そういった場合、初値で売却しない場合、株価の値下がりが続く可能性もあります。

一方で、初値を付けた後にさらに人気を集め株価が急上昇するケースもあります。このようにIPO株は上場後の株価予想が難しいのが難点です。また、時価総額が小さいIPO株などは短期売買の対象になりがちで、上場直後の値動きが不安定になる

傾向があります。

大切なことは、IPO株だからと言って買うのではなく、しっかりとその企業や事業内容を知り投資判断をすることです。前述の通り、IPO企業の事業内容などの詳細を知ることができる目論見書を読み込み、足元の業績や業績見通しをしっかり把握したうえで、有望なIPO株の発掘につなげましょう。

IPO投資の注意点

IPO株の初値が公開価格を上回りやすい理由の一つに、上場直後はそもそも「売りたい人＜買いたい人」という構図になりやすいことがあります。それは「**ロックアップ**」という制度が関係しています。

ロックアップとは、IPOで株式が売り出される際に、株式の公開や売り出し後の一定期間、大株主である創業者やベンチャーキャピタル（VC）が市場で持ち株を売却しないよう制限する制度のことです。ロックアップの期間は3カ月や6カ月というケースが多くみられます。

公開直後に大きく株式が売られてしまうと株価の大幅な下落を招きかねないため、大株主による株式の売却で需給が悪化してしまうのを防ぐことがロックアップの目的です。ロックアップが設けられているかどうかは、上場前に公表される「目論見書」で明らかにされています。

上場後の株価を決めるのは売り手と買い手の需給バランスです。買いたい投資家が多ければ株価は上がりますし、売りたい投資家が多ければ株価は下がります。これを見極めるためにも、IPO投資をするのなら、ロックアップが設定されているかどうかを確認しておくことは必須です。

IPO直後の株式の需給を安定させるロックアップですが、解除された後はどうなるのでしょうか。保有している大株主次第によりますが、VCなどは株式を売って利益を確定させるケースも多いようです。その場合、まとまった大口の売りが出るため、一時的にせよ需給は緩み、株価は下がりやすくなります。

なお、ロックアップは「設定期間の終了」のほかにも、株価が公開価格の1.5倍以上に上昇した場合や主幹事証券会社の同意があった場合などに解除されることがあります。ロックアップの解除条件にも注意を払う必要があります。

6 増資とは？

上場企業には不特定多数の人から資金を集めることができる魔法のような方法があるんだって？

増資といって、株式を新しく発行（販売）して、その対価として事業成長のための資金を集める方法だね。その資金はなんと株主に返済する義務がないんだ。企業が上場する理由の一つが、この増資にあると言えるね。それを引き受ける投資家は成長の果実を得られるけれど、もちろん成長しなければ株価下落のリスクも負うわけだ

なぜ企業は増資をするの？

　上場企業が持続的な成長を実現するためには、設備投資や新規事業・新商品開発などへの成長投資が必要不可欠です。株式市場では、成長投資の資金を得る手段の一つとして、新たに株式を発行して資金を調達する「**増資**」があります。

　増資とは株式会社が資本金を増加させることをいいます。一般的に増資は資金調達を目的に新しく株式を発行することによって行われるため、新株発行により投資家から資金を集める資金調達手段のことを指しています。

　新株発行には、既存の株主に対して株式の割り当てを受ける権利を付与する「**株主割当増資**」、既存・新規株主を問わず業務提携先や取引先など特定の第三者に株式を有償で引き受けてもらう「**第三者割当増資**」、不特定かつ多数の投資家を対象に新たに株式の引き受けを募る「**公募増資**」があります。

▼増資の種類

名称	特徴
株主割当増資	既存の株主に対して株式の割り当てを受ける権利を付与
第三者割当増資	既存・新規株主を問わず業務提携先など特定の第三者に株式を有償割当
公募増資	不特定かつ多数の投資家を対象に新たに株式の引き受けを募集

公募増資は英語で「Public Offering（PO）」と表記しますが、似た言葉に前項で説明した「IPO（Initial Public Offering）」があります。POとIPOの違いは、POはすでに証券取引所に上場している企業が追加の資金調達を目的に新株を発行したり保有株を売り出したりすることを意味するのに対して、IPOは未上場企業が証券取引所に新規に株式を公開して売買できる状態にすることをいいます。

　企業が増資で得た資金は、返済期限のある金融機関からの借入金などと違って株主に返済する義務がありません。長期的な視点で自由に調達資金を使うことができるため、企業は設備投資や新規事業・新規商品の開発などの成長投資に充てたり、借入金の返済に充てたりするなどして、経営基盤や財務基盤の強化につなげようとするのです。これが、企業が増資を行う理由です。

その増資は投資家のためになる？

　増資を引き受ける既存株主や新規の投資家にはどのようなメリット・デメリットがあるのでしょうか。

▼増資を引き受ける投資家の主なメリット・デメリット

＜メリット＞
市場価格よりもディスカウントされた価格で購入できる
企業収益が拡大すれば株の値上がり益を享受できる
＜デメリット＞
増資で株式が希薄化し、一株利益（EPS）が減少する
中長期の成長に寄与するため、短期リターンが見込みづらい

　一般的に増資する際の募集価格は、株式市場で取引されている価格（市場価格）よりもディスカウントされた価格に設定されるため、投資家にとっては割引価格で株式を取得できるチャンスとなる可能性があります。

　企業は増資で得た返済義務のない資金を、設備投資や新規事業・新商品開発といった成長投資などに充てることになりますが、こうした成長投資が実を結んで企業の収益が拡大し、株価上昇につながれば、投資家は値上がり益というリターンを得ることができます。これも投資家にとって大きなメリットの1つです。

　半面、増資は新株発行を伴うため、発行済み株式数が増加します。そのため、企業

の1年間の最終的な利益（純利益）を発行済み株式数で割って計算する1株当たり利益（EPS）は減少します。これを「**株式の希薄化**」と呼んでいますが、EPSが低下すれば株価にはマイナスの影響を及ぼす可能性があります。とりわけ既存の株主（投資家）にとっては株価下落という形でデメリットを受けるリスクがあるのです。

　増資の目的の一つである成長投資は通常、企業の中長期的な成長に寄与するものです。そのため、企業の増資が短期的な業績拡大につながるとは必ずしもいえず、投資家も長期的な目線で投資するという覚悟が必要になります。短期的なリターンを目指す投資家にとってはデメリットといえるかもしれません。

　公募増資と株価の関係について、ひとつ事例を紹介します。牛丼チェーン「すき家」などを展開するゼンショーホールディングスは2023年11月24日、公募増資と第三者割当増資で最大500億円を調達すると発表しました。

　増資後の発行済み株式数は4%程度増える規模の資金調達で、翌営業日の取引ではEPSの希薄化などを懸念した売りが優勢となり4.6%安で終えました。調達資金は国内外の外食チェーンのM&A（合併・買収）費用などに充てるとし、先行きの成長に向けた前向きな増資との評価もありました。

　ただ、増資発表前の株価が大きく上昇していて高値警戒感が出ていたことに加え、成長の果実を得るには時間を要するとして、増資発表後の株価は弱い動きが続きました。

▼ゼンショーホールディングスの増資発表と株価の動き

出所：QUICKデータに基づき作成

増資と売り出しの違いとは？

　POは公募増資以外に「**売り出し**」も含まれます。売り出しとは、その企業の大株主が所有する一部または全部の株式を公募により同じ条件で50人以上の一般投資家向けに売却するものです。これは売却を考える株主と上場企業の合意が必要になります。公募増資は発行済み株式数が増加しますが、売り出しはそれを伴いません。

　株式売り出しは発行済み株式数の増加を伴うものではないため、EPSの希薄化は生じません。本来、株式市場で一度に大量の株式を売ると、需給が悪化して株価が下がりやすくなりますが、売り出しなら株価への影響をある程度抑えながら多くの株式を売りに出すことができるとされます。

　ただ、株式売り出しも公募増資と同じく、売り出し発表後の株価を勘案し、市場価格よりもディスカウントされた価格で売り出し価格が決まります。購入を希望する投資家にとっては可能な限り安い価格で購入したいものです。こうした思惑も含めて株式売り出しもやはり株価の下押し圧力になり得ます。

　最近は上場企業の株式売り出しが増えています。東京証券取引所が新たに定めた各市場の上場維持基準を満たすため、企業が取引先との関係強化など政策的な目的で保有している「**政策保有株**」を売り出したり、流通株式比率を増やすために創業者などが一部株式を売り出したりしているためです。投資ファンドなどの大株主が売却益を確保するため、まとまった量の株式を売り出す場合もあります。

 # 5%ルールとは？

　大金持ちだったら好きな企業の株をこっそり大量に買うんだけどな〜

　保有比率が5％以上になったら総理大臣に報告しないといけないからバレるんだ。このルールは、株価に影響を与えることもあるから注意しないとね

大量保有報告書とは？

　株式市場で**大量保有**とは、上場企業の発行済み株式総数の5％を超えて保有することを指します。保有割合が5％を超えた株主を「大量保有者」と呼び、5％を超えた日から土日祝日を除く5日以内にその旨の報告書を内閣総理大臣（財務局）に提出する義務があります。この書類を「**大量保有報告書**」といい、この制度を通称「**5％ルール**」と呼んでいます。

　大量保有報告書には、発行済み株式数の5％以上を保有した際に提出する「大量保有報告書」に加え、大量保有者となった日以降に保有割合が1％以上増減した場合や大量保有報告書に記載すべき重要事項に変更があった場合などに提出する「変更報告書」、大量保有報告書または変更報告書の記載に誤りがあったり、不十分だったりする場合に提出する「訂正報告書」の3種類があります。

▼大量保有報告書の種類

報告書名	概要
①大量保有報告書	上場企業の株式等について発行済み株式数の5％以上を保有した場合に提出
②変更報告書	発行済み株式数の5％以上を保有した株主の保有割合が1％以上増減した場合などに提出
③訂正報告書	大量保有報告書または変更報告書の記載に誤りがあったり、不十分だったりする場合に提出

株価の上げ下げは、買いたい投資家と売りたい投資家の需給バランスによって決まりますが、大量保有報告書はその需給バランスの変動要因になります。3種類の報告書のうち、特に「大量保有報告書」と「変更報告書」の2つが重要な書類になります。

上場企業の発行済み株式数の5%以上を保有するような投資家は、国内外の機関投資家などのいわゆる大口投資家であるケースが多く、大口投資家の保有状況が需給バランスに変化を生じさせるきっかけになり得るためです。中小型銘柄には著名な個人投資家が5%以上を保有する大株主に浮上し、株式の需給バランスに大きな影響を及ぼすケースもあります。

大量保有報告書と株価はどんな関係性があるの？

大量保有報告書と株価にはどのような関係があるのでしょうか。

大量保有報告書で、国内や海外の有力機関投資家や著名投資家が上場企業の株式を5%以上保有したと報告したり、5%以上を保有していた投資家が変更報告書で「保有割合が増えた」と報告したりした場合、その企業の株価にはプラスに働くことが考えられます。

大量保有報告書には、その保有目的が記載されていますが、機関投資家の場合は「純投資」や「投資一任契約に基づき運用するための保有」といった記載がみられます。これは、機関投資家が財務状況や業績を基に企業の本質的な価値を測るファンダメンタルズ分析を行った結果、将来の株価の値上がりが期待できるとしてその企業の株式を保有していることにほかなりません。

言い換えれば、いわゆるプロ投資家による徹底的な分析により、将来性が極めて高いとのお墨付きを得た銘柄とも考えられます。そのため、個人などほかの投資家の買いも集まりやすく、株価は上昇する可能性が高くなるというわけです。

一定以上の株式保有を裏付けに、企業経営者に対して増配や自社株買いなどの株主還元の要求や、株主総会における議決権行使などを積極的に行う**アクティビスト**と呼ばれる投資ファンドによる大量保有報告も株価に影響を及ぼします。アクティビストは「**物言う株主**」とも呼ばれます。

アクティビストの保有目的では、しばしば「投資及び状況に応じて経営陣への助言、重要提案行為等を行うこと」という記載がみられます。

アクティビストの大量保有が明らかになると、企業が株主還元の拡充など何らかの対策に動くのではないかとの思惑が広がり、個人投資家の買いなどを呼び込んで

その対象銘柄の株価は大きく値上がりするケースもみられます。

　衣料品ブランド「ニューヨーカー」を展開するダイドーリミテッドには複数のアクティビストが大量保有者として名を連ねていました。そのダイドーリミテッドは2024年7月4日、2025年3月期の年間配当を従来予想の5円から95円積み増し100円にすると発表。自社株買いの方針も明らかにしました。株主還元強化を受けて株価はその後の2営業日で40％以上値上がりする場面がありました。

▼ダイドーリミテッド株の推移

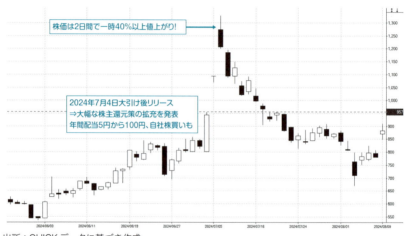

出所：QUICKデータに基づき作成

　このように、機関投資家などの大口投資家が大量に保有割合を増やした場合、株式の需給面で大きなプラス材料になる可能性が高くなります。ただし、株価が大きく値上がりした後は、大口投資家も利益確定目的で保有割合を減らす（売却する）可能性がある点には注意が必要です。その場合は一転して株価にはマイナス要因として意識されることになります。

　変更報告書では「保有割合が1％以上増減した場合」に提出する義務が生じますが、保有割合が1％以上減少していることがわかった場合、これまで買いを入れていた機関投資家が株価のさらなる上昇余地は乏しいとみて利益確定に動き、その後も大量に株式を売っている可能性もあります。

　また、大口投資家の保有割合が減った場合、その企業が業績面などで何らかの問題を抱えていると警戒して売りを出している可能性も考えられます。大口投資家の姿勢が反転した場合は、何かその企業で懸念されている材料はないかチェックする

必要もあります。

証券会社が「商品在庫確保」や「貸借取引」を保有目的とする大量保有報告書や変更報告書を提出する場合があります。これは証券会社が買い集めた株式を投資家に貸し出し、その投資家により空売りされるケースが考えられます。

空売りは株価の下押し圧力を強める（逆に買い戻しのタイミングでは押し上げ圧力を強める）一因にもなるため、証券会社が大量保有報告書・変更報告書を提出した場合はその保有目的を忘れずにチェックすることが大切です。

大量保有報告を知る方法とは？

大量保有報告書の提出義務（5%ルール）の目的について、金融庁・財務局は「株価に影響を及ぼしやすい大量保有の情報を公開させて、市場の公正性、透明性を高めるとともに、投資者の保護を一層徹底することにある」と説明しています。企業の株式を大量に取得した場合、株価が乱高下することが多くみられるといい、「こうした事実に関する十分な情報を持たない一般投資家が不測の損害を被るおそれ」（財務局）を避けるため、5%ルールを制度化・義務化したのです。

このように、大量保有報告書は株価にも影響を及ぼし得る重要な材料の1つですが、大量保有報告書は企業のホームページや、企業が一般投資家に向けて適時・適切に公表する「適時開示情報」では確認できない点には注意が必要です。

内容を閲覧するには基本、金融庁が管理する電子開示システム「EDINET」を利用する必要があります。ただし、金融情報プラットフォームや専用アプリでも大量保有報告に関する情報・ニュースを収集・配信しており、それを活用すれば大量保有報告の情報をいち早く入手し、適宜チェックすることができます。

QUICK Money Worldでは、大量保有報告も含めた企業の開示情報を検索したり、メールでお届けするサービスを提供しています。以下のQRコードからご覧ください。

【QUICK Money World】

https://moneyworld.jp/disclosure

8 株主総会とは？

会社の株主になっても社長は雲の上の存在だよね〜

株主総会に参加すれば社長にあれこれ質問もできるんだ。株主総会は会社の重要な事柄を決める最高意思決定機関で、そこで経営陣に質問するのも株主が持つ大切な権利だ。持ち株比率に応じて株主の権限が大きく変わることも知っておこう

株主総会って？

株主総会は、株式会社の最高意思決定機関です。株主が会社に関する意思決定をするために、会社から提案された議案を検討し決議します。上場企業の株主になると、誰でも株主総会に参加することができます。

個人投資家の場合、企業の経営陣に直接会うことはなかなか難しいものです。ですが、株主となり株主総会に参加すれば経営陣に直接会って話を聞き、質問をすることができます。株主総会は、投資家にとって議案の決議だけでなく、企業をより詳しく知り、投資判断のための情報を得る場所でもあります。

新型コロナウイルスの感染拡大前の株主総会は、大企業ともなれば株主数が多いため、都内の大きなホテルの宴会場などが会場となることもありました。株主総会に参加した後に懇親会があったり、出席した株主にちょっとしたお土産が配られたりすることもありました。

新型コロナの感染拡大により株主総会の開催の仕方も大きく変わりました。株主総会をオンライン中継する「バーチャル株主総会」を実施する企業も出てきて、活用する企業が増えています。

いずれにせよ、どの様な形での開催でも投資家にとって株主総会は経営の重要事項を決議し、企業とコミュニケーションを取る重要な場であることに変わりありま

せん。

株主総会には2つの種類があります。

●定時株主総会

定時株主総会とは、事業年度の終了後、一定の時期に必ず1回は行わなければならない株主総会です。一定の時期とは事業年度の終了から3カ月以内とされており、毎年1回必ず開かれます。

日本で多い3月期決算の企業は、3カ月後の6月末までに株主総会を開催する必要があるため、日本では6月に株主総会が多く開催されます。

●臨時株主総会

臨時株主総会とは、定時株主総会とは別に、会社が必要と判断した時に行う株主総会です。必要に応じて臨時に招集される株主総会なので「臨時株主総会」と呼びます。

臨時株主総会の開催の目的は、例えば定款変更や取締役の選任、新株発行など様々です。定時株主総会とは招集の時期や議案の内容が異なるのみで、招集の手続きや決議方法などは同じです。

株主が持っている権利とは？

株主が持っている基本的な権利として、①利益配当請求権、②残余財産分配請求権、③株主総会の議決権——などがあります。株主の権利は「自益権」であるか「共益権」であるかなどによって分類されます。

●株主個人の利益に影響する自益権

「**自益権**」とは、株主が行使することで株主個人の利益のみに影響する権利のことを指します。前述した主な権利では、利益配当請求権と残余財産分配請求権が該当します。

①利益配当請求権

配当金を受け取れる権利です。株主総会の決議で配当を出すことが決まったら、株主は会社の利益の分配である配当を受け取ることができます。

②残余財産分配請求権

　企業が解散する時に株式の持ち分割合に応じて残余財産の分配を請求できる権利です。万が一企業が解散することになり、清算手続きで負債の返済が完了した後にまだ財産が残っていた場合、株主は持ち分割合に応じて残余財産の分配を請求することができます。

　自益権としては、このほかに株主が保有する株式を公正な価格で買い取るように企業に請求できる「株式買取請求権」などがあります。

●株主全体の利益に影響する共益権

　「**共益権**」とは、株主が行使することで株主全体の利益に影響する権利のことで、前述の例では株主総会の議決権が該当します。共益権には株式の持株比率に応じて単独株主権と少数株主権があります。

①単独株主権

　一単元株でも保有していれば株主総会での議決権が認められる権利です。

②少数株主権

　一定割合以上の株式数を保有しなければ行使できない権利です。株主総会招集権や解散請求権、会計帳簿閲覧請求権などがあります。

株主の保有比率が高いと何ができる？

　株主総会では、決議する内容の性質や重要度によって決議に必要な株主数が異なります。決議には「**普通決議**」、「**特別決議**」、「**特殊決議**」の3種類があります。

●普通決議

　行使可能議決権（定足数）の「過半数」を有する株主が出席し、出席株主の「過半数」をもって行う決議です。役員の選任・解任をはじめとして、株主総会における原則的な決議の方法です。

●特別決議

　行使可能議決権の「過半数」を有する株主が出席し、出席株主の「3分の2以上」に

当たる多数をもって行う決議です。ただし、特別決議の定足数（決議に当たって必要とされる出席株主数）の要件は、定款によって3分の1まで緩和することが認められています。

特別決議は、定款変更や事業譲渡、組織再編など、会社や株主にとって重要な事項を決定する場合に必要になります。

●特殊決議

普通決議および特別決議以外の株主総会決議の方法です。重要性がきわめて高い事項について、特別決議を上回る決議要件を課すものです。

決議要件の違いで、①議決権を行使できる株主の半数であって、当該株主の議決権の3分の2以上の多数で決議、②総株主の半数であって、総株主議決権の4分の3以上の多数で決議——の2つのパターンがあります。

会社の株を1単元でも保有していれば株主として議決権が一つ与えられますが、持ち株比率（保有株式数÷発行済み株式数＝議決権保有割合）に応じて株主に認められる権限も変わってきます。当然、持ち株比率が高いほど行使できる権限も大きくなります。持ち株比率と主な権利は以下の通りです。

▼持ち株比率（議決権保有割合）と株主の主な権利

持ち株比率	株主の主な権利
1％以上	株主総会の議案提出など
3％以上	株主総会の招集請求、会社帳簿の閲覧請求など
3分の1超	株主総会の特別決議を単独で阻止できる
2分の1以上	株主総会の普通決議を単独で阻止できる
2分の1超（過半数）	株主総会の普通決議を単独で成立させられる
3分の2超	株主総会の特別決議を単独で成立させられる

9 指数とは？

自分の気になる株が上げたり下げたりバラバラで、今日はいったいどんな日なのかわからないな〜

ニュースで日経平均株価が上がった、下がったというのを聞いたことはないかな？ 一定の銘柄の集まりの平均を算出した指数とよばれるもので、市場全体の動きをみる物差しになるんだ

株価指数とベンチマークとは？

指数とは「ある基準を定め、その基準値を100などとして、そこからの変化を増減で表す指標」です。景気・物価指数など世の中にはいろいろな指数がありますが、株式市場には世界各国にたくさんの株価指数が存在しています。

株価指数とは、株式市場全体の値動きを表す指標のことです。株価指数は、複数の銘柄の株価を一定の計算式で数値化したものです。株式投資を行う際、個別銘柄の値動きをチェックすることはもちろん重要ですが、投資判断の目安として株式市場全体の動きを確認することも欠かせません。株式相場全体が上がったか下がったかをみる物差しとして株価指数はとても役に立つ指標なのです。

日本の株価指数で代表的なのが、**日経平均株価**や**東証株価指数（TOPIX）**です。

日経平均株価は、東京証券取引所プライム市場に上場する銘柄のうち、日本経済新聞社が市場流動性の高い225銘柄を選定・算出する指数で、単位は円・銭で表示されます。TOPIXは「Tokyo Stock Price Index」の略で、原則として東証プライム市場の全銘柄を対象として算出する指数です。単位はポイントです。

日経平均株価は225銘柄の平均株価を指数化する単純平均の考え方で算出されるのに対し、TOPIXは各銘柄の時価総額の変動を反映して算出・指数化されます。算出方法の違いから、日経平均株価はハイテク関連を中心にした「値がさ株」と呼ばれ

る株価水準の高い銘柄の影響を受けやすく、TOPIXは「大型株」といわれる時価総額の大きい銘柄の影響を受けやすいという特徴があります。

　株価指数は株式取引の指標としての役割にとどまらず、あらゆる金融商品に活用されます。資産運用との関わりでは、投資信託などの運用成績を評価する際の基準となる「ベンチマーク」として株価指数は重要な役割を担っています。

　各投資信託の運用成績とベンチマークのパフォーマンスを比較すれば、そのファンドの運用成績の優劣が判断できます。ある投資信託の運用成績がベンチマークを上回っていれば高パフォーマンス、下回ればパフォーマンスの悪い投資信託とみなされます。その判断基準として株価指数は使われているのです。

様々な米国株指数とその違いとは？

　世界最大の経済大国である米国にも多くの株価指数があります。

　米国株式市場を代表する株価指数には、**ダウ工業株30種平均**や**S&P500種株価指数**、**ナスダック総合株価指数**などがあります。

3

　ダウ工業株30種平均は「NYダウ」「ダウ平均」などと表現され、ニューヨーク証券取引所 (NYSE) とナスダック証券取引所に上場している企業の中から選定された30銘柄で構成され、株価を単純に株数で割った単純平均型の株価指数です。

　コカ・コーラやマクドナルドなど歴史のある大手企業の採用のほか、最近ではアップルやマイクロソフトなどテクノロジー銘柄の存在感が高まっています。2024年2月には、アマゾン・ドット・コムが新たに組み入れられました。

　S&P500種株価指数は、時価総額や業種、流動性などの条件を基に選定された約500銘柄の時価総額加重平均型の指数です。採用銘柄数が約500と多く、米国を代表する銘柄が幅広く指数に組み入れられています。米国株式市場の時価総額の8割近くを網羅し、米国相場全体の動向を知るうえで役立つ指標です。

　ナスダック総合株価指数は、ナスダック証券取引所に上場している3000以上の全銘柄を対象に時価総額加重平均で算出した指数です。ナスダック総合株価指数は、半導体などのハイテク企業やインターネット関連企業の比率が多く、IT (情報通信) 関連業界の動向を追ううえで重要な指標です。

▼米国主要3指数の違いまとめ

指数名	構成銘柄数	算出方法	特徴
ダウ工業株30種平均	30	単純平均	NY証券取引所等の上場企業から選出された米国の代表的な30銘柄で構成。歴史のある大企業が採用されているが、最近ではテクノロジー銘柄の存在感が高まっている
S&P500種株価指数	約500	加重平均	時価総額や業種、流動性などを基に選出された約500銘柄。米国株式市場の時価総額の約80%を網羅しているので、米国相場全体の動向を知るうえで役立つ指標
ナスダック総合株価指数	3000以上	加重平均	半導体などのハイテク企業やインターネット関連企業の比率が多く、IT（情報通信）関連業界の動向を追ううえでの重要な指標

米国株の動向は翌日の日本株の値動きに大きな影響を及ぼします。日経平均株価はハイテク株を中心とする値がさ株の影響を受けやすい特徴があるため、ハイテク色が強まりつつあるダウ平均とともに、ハイテク・ネット関連の比率が高いナスダック総合株価指数の値動きに敏感に反応する傾向があります。

日経平均株価はハイテク関連の中でも半導体関連株の存在感が高まっており、米国の半導体株の動向にも影響を受けやすくなっています。そこで注目度が一段と高まっているのが、米国の主要な半導体関連銘柄30銘柄で構成される**フィラデルフィア半導体株指数（SOX指数）**です。

SOX指数の動きは世界の半導体市況に対する市場の見方を反映するため、日本の半導体関連銘柄の株価にも影響を与えます。2022年の対話型AI（人工知能）「ChatGPT（チャットGPT）」の登場による生成AIブームが起爆剤となり、SOX指数は2023年以降、大きく上昇しました。

生成AI向け半導体を手掛けるエヌビディアもSOX指数の構成銘柄の一つです。エヌビディアは2024年に一時、初めて時価総額が世界一位になりました。

日本株の行方を占ううえで、ナスダック総合株価指数やSOX指数の動きには要注目です。

恐怖指数とは？

　株式市場が大きく変動するとき、株価指数以外で注目される指数があります。新聞などで「**恐怖指数**」と紹介される「**VIX指数**（Volatility Index＝ボラティリティー・インデックス）」がその一つです。VIX指数はS&P500種株価指数を対象とするオプション取引の値動きをもとに計算する指数で、投資家が株価の先行きにどれほどの振れ幅を見込んでいるかを示す「株価変動率指数」です。

　ボラティリティーとは金融用語で価格の変動性のことです。先行きの値動きが荒くなる、ボラティリティーが高くなると見る投資家が多くなるとVIX指数は上昇します。相場の膠着状態が続く、ボラティリティーがあまりないと見る投資家が多くなるとVIX指数は低下します。つまり、VIX指数が高いほど、株式相場の急な下落や急な上昇が起こる可能性が高く、VIX指数が低いほど、株式相場が安定しており、株価の急な下落や急な上昇の可能性が低いと言えます。

　VIX指数は通常10～20の範囲内で動くとされ、30を超えてくると警戒領域と判断されます。2024年は7月まで11～19の範囲で推移していましたが、8月に大きく上昇し、8月5日にVIX指数は一時65.73と2020年3月のコロナショック（85.47）以来の高水準を付けました。

▼ VIX指数が大きく上昇した主な事例

時期	出来事	VIX指数高値
1997年10月	アジア通貨危機	48.64
2001年9月	アメリカ同時多発テロ	49.35
2002年7月	エンロン不正会計事件	48.46
2003年3月	アメリカのイラク侵攻	34.40
2008年10月	リーマンショック	89.53
2011年10月	ギリシャ通貨危機	46.88
2015年8月	中国景気の減速懸念	53.29
2018年2月	アメリカ景気悪化懸念	50.30
2020年3月	コロナショック	85.47
2022年2月	ロシアのウクライナ侵攻	37.79
2024年8月	米景気懸念・円急伸・日米株大暴落	65.73

出所：QUICKデータを集計

VIX指数はマーケット全体の心理状態が反映されます。ですから、市場参加者が今後の相場の変動性をどう予測しているのかを知りたい場合は有効な指標となります。日本版の「恐怖指数」もあります。日経平均ボラティリティー・インデックス (VI) と呼ばれるもので、大阪取引所に上場する日経平均先物と日経平均オプションの価格をもとに算出され、投資家が日経平均株価の将来の変動をどのように想定しているかを表した指数です。

第4章 企業業績入門

第2部 株式投資を知る

企業が開示する情報とは？

さっそく投資したい企業の業績について調べてみたいんだけど、上場企業の情報ってどこを探せばいいの？

上場企業はルールに従って様々な情報を開示しているよ。まずは東証のTDnetや会社の公式ホームページを見てみよう

開示情報の種類とは？

　上場企業には金融商品取引法などの法律に基づく「法定開示」と、証券取引所のルールに基づく「適時開示」の2つの情報開示が義務付けられています。

　「**法定開示**」は、企業の事業内容や財務状況を記載した「有価証券報告書（通称：有報）」や「半期報告書」、企業の経営者が内部統制について正しく機能しているかを評価し、その結果を記載した「内部統制報告書」といった書類を内閣総理大臣に提出するもので、**金融庁が管理する電子開示システム「EDINET」などで閲覧**することができます。

　「**適時開示**」は、株式の投資判断に重要な影響を与えうる企業の経営上の重要な情報・内部情報について、一般投資家に対して正確性に配慮しつつ速報性を重視して適時・適切に公表するものです。「タイムリー・ディスクロージャー」とも呼ばれ、この情報は**会社のホームページ**のほか、**東京証券取引所の適時開示情報伝達システム「TDnet」**でも閲覧・入手が可能です。

　法定開示、適時開示とは別に、「**任意開示**」というものもあります。任意開示とは、法令や取引所ルールに基づいた強制的な開示ではなく、企業が自らの判断で主体的に情報発信する開示をいいます。具体的には、決算の内容を詳しく説明した「決算説明資料」や、経営内容に関する総合的な情報を掲載した「アニュアルレポート（年次報告書）」などが挙げられます。こちらは、企業が**自社のホームページ**で開示するケースが多いです。

上場企業に義務付けられる開示情報のうち、もっとも新鮮な情報が出てくるのが速報性を重視している「適時開示」です。「適時開示」で求められる情報には、大きく分けて「**決定事実**」、「**発生事実**」、「**決算情報**」があります。

　「決定事実」は新株式の発行や自己株式の取得、株式分割、合併、業務提携・解消などがあります。「発生事実」は災害に起因する損害や訴訟の提起、大株主の異動などがあります。「決定事実」は企業自身が意思決定を行った情報で、「発生事実」は企業の意思決定によらず発生した情報です。そして、最後の「決算情報」は売上高や利益の額を集計した決算短信や業績予想の修正、配当予想の修正などがあります。

▼上場企業に求められる主な適時開示情報の種類

「決定事実」	「発生事実」	「決算情報」
・新株式の発行	・災害に起因する損害	・決算短信
・株式分割・併合	・訴訟の提起	・四半期決算短信
・自己株式の取得	・大株主の異動	・業績予想の修正
・合併	・資源の発見	・配当予想
・業務提携・提携解消	・債権の取立不能・遅延	・業績予想値と決算値の差異
・新規事業の開始	・保有有価証券の含み損	・配当予想の修正

出所：日本取引所グループ

　なお、適時開示制度の一環として、企業経営が株主をはじめとするステークホルダー（利害関係者）に対して適切に運営されているかをチェックする仕組み・体制であるコーポレートガバナンス（企業統治）の状況を記載した「コーポレートガバナンス報告書（CG報告書）」の提出も義務付けられています。

速報である「適時開示」はしっかり確認しよう

　適時開示情報は、証券取引所のホームページ上の「適時開示情報閲覧サービス（TDnet）」から、誰でも無料で見ることができます。確認できるのは開示日を含め31日分です。上場会社が重要な会社情報を開示する場合は必ずこのシステムを使うよう義務付けられています。公表時刻は決まっていませんが、朝の8時、9時から夜にかけて、毎正時や30分など、区切りのよい時間に発表されているケースが多いです。そのなかで、特に開示件数が多い時間は取引終了直後です。

▼「適時開示情報閲覧サービス（TDnet）」のイメージ

時刻	コード	会社名	表題
15:00	60300	Ｇ－アドベンチャー	自己株式の取得状況に関するお知らせ（会社法第165条第2項の規定による定款の定めに基づく自己株式の取得）
15:00	60300	Ｇ－アドベンチャー	自己株式の取得状況及び取得終了に関するお知らせ（会社法第165条第2項の規定による定款の定めに基づく自己株式の取得）
15:00	61360	ＯＳＧ	自己株式の取得状況に関するお知らせ
15:00	64550	モリタＨＤ	譲渡制限付株式報酬としての自己株式の処分に関するお知らせ
15:00	64650	ホシザキ	自己株式の取得状況に関するお知らせ
15:00	65010	日立	自己株式の取得状況に関するお知らせ（会社法第459条第1項の規定による定款の定めに基づく自己株式の取得）
15:00	65710	キューピーネットＨＤ	国内店舗売上高前年比・来店客数前年比（2024年6月）についてのお知らせ
15:00	68490	日本光電	譲渡制限付株式報酬としての自己株式の処分に関するお知らせ
15:00	70410	Ｇ－ＣＲＧＨＤ	子会社における事業の一部譲受に関するお知らせ
15:00	70470	Ｇ－ポート	投資家Ｑ＆Ａ（株主総会・対話の会Ｑ＆Ａ）（2024年6月）
15:00	71610	じもとＨＤ	当社子会社における債権の取立不能又は取立遅延のおそれに関するお知らせ
15:00	74450	ライトオン	月次売上高前年比情報に関するお知らせ

出所：TDnet 適時開示情報閲覧サービス

　現在、東京証券取引所の現物株式の立会時間は15時30分までとなっています。取引終了後に重要情報を適時開示した場合、当日の株価に影響を与えることなく、投資家はじっくり情報を確認できます。そうして内容が吟味された結果、翌日の寄り付きの株価に影響することがあります。

　取引時間中に重要な適時開示情報が開示されることも少なくありません。適時開示情報が明らかになると、市場参加者の受け止め次第では、堅調にみえていた株価が乱高下することもあります。相場の方向性を左右しかねない重要な情報だからこそ、広くあまねく、適時開示制度を通じて公表されているともいえます。企業によっては、同時にウェブサイトなどを通じた発表や記者会見などがされることもあります。投資家にとっては「少しでも早く」「正確に」情報を把握し分析することが必要になってくる場面です。

　とはいえ、個人投資家の皆さんがいつ発表されるともしれない情報を四六時中チェックしていくのは至難の業。全上場企業の情報がTDnetを通じて公表されるので、発表が立て込む時間帯には何十件もの適時開示情報が同時に出てきます。その中から興味のある企業の情報だけを瞬時に抜き出して読み込むのは、あまり現実的ではないでしょう。情報収集や確認といった作業にもたついていれば、せっかくの投資チャンスを逃すことにもなりかねません。

　QUICK Money Worldでは、企業の開示情報を検索したり、メールでお届けする

サービスを提供しています。決算情報など適時開示情報のほか、新製品などのプレスリリースも発表にあわせタイムリーに資料のリンクを受け取ることができます。以下のQRコードからご覧ください。

【QUICK Money World】

https://moneyworld.jp/disclosure

開示書類で重要なものは？

　適時開示される書類のうち、最も基本かつ重要なものが「**決算短信**」です。決算短信は、企業が稼いだ一定期間の売上高や利益といった経営成績、つまり決算内容をまとめた「企業の通信簿」といえるもので、株式市場で「決算発表日」という場合、決算短信の発表日を指します。投資家にとっては非常に重要な投資判断の材料になります。決算短信の発表時期は企業によって異なりますが、決算の締め日からおよそ1カ月後〜1カ月半後に公表のピークが訪れます。

　日本の上場企業は現在、3カ月ごとの四半期決算短信、1年間を通じた通期決算短信の適時開示が義務付けられています。なお、企業の負担軽減を目的として、法令の改正により2024年4月から四半期報告書が廃止され、決算短信（四半期決算短信）に一本化されました。法定開示は半期報告書に集約され、四半期（第1四半期、第3四半期）は決算短信のみの開示となります。

　決算短信は「サマリー」と「添付資料」の2部構成になっており、期間中の経営成績や財政状態、配当状況、業績予想、財務諸表などが記載されています。決算短信は全部で数十ページに及ぶことがありますが、大事な内容については決算短信冒頭の1〜2ページ目に記載されるサマリーに詰まっており、まずはサマリーの内容を確認して、企業の業績の好不調、先行きの見通しなどについて大まかに理解しましょう。その後、経営成績の内容をさらに把握したい場合は3ページ目以降の添付資料に記載されている説明に目を通すといいでしょう。

　次の節では、具体的な決算短信の読み方を解説していきます。

決算書はどう読むの？

決算短信が重要なのはわかったんだけど、数字だらけでよくわからないよ…

決算短信には事業の成果や今後の業績見通しなどがコンパクトに記載してあるよ。チェックすべきポイントを簡単に解説しよう。投資家向けに様々なデータが整理してある決算説明会資料から読んでみるのもおススメだね

決算短信とは何か？

　決算短信とは、上場企業が決算の重要な部分をいち早くまとめ、発表するものです。法律に基づいた決算発表である「有価証券報告書」に対し、その要約版、速報版ともいえるでしょう。なるべく早く投資家の皆さんに情報を知らせるために、証券取引所が上場企業に対して決算短信の作成をするよう求めています。証券取引所の規則に基づく適時開示制度による情報開示のひとつです。

　株式市場で「決算発表日」という場合、決算短信の発表日を指します。決算短信は各企業の決算の締め日から長くて1カ月半程度で公表されます。東京証券取引所の適時開示情報閲覧サービス（TDnet）で閲覧できるほか、IR活動の一環として各企業が自社ホームページに掲載するケースも多いです。

　国内では3月決算期の企業が多いため、それらの決算短信の発表が増える4月下旬から5月中旬にかけては株価が動きやすい時期ともいえるでしょう。

　決算短信の大きな役目は、いち早く情報を投資家に伝えること。そのため、上場企業には、3カ月ごとの「**四半期**」決算短信、1年間を通じた「**通期**」決算短信の2種類の決算短信の公表が義務付けられています。

　通期決算短信はその名の通り、事業年度1年分の決算内容をまとめたもので年に1度開示されます。一方で四半期決算短信は、四半期ごとの決算内容をまとめたもの

ですから、3カ月に一度公表されます。両方合わせると年間で4回、決算短信を目にすることになります。

たった3カ月で何が変わるのか──という気もしますが、よりタイムリーに投資家へ情報を届けるための取り組みです。新興企業や半導体企業のように業績の浮き沈みが激しくなりやすい業種は存在します。歴史ある大企業でも突発的な天災など事業環境の変化は業績に影響を与えます。企業を分析した上で投資するためにも、しっかり確認していくようにしましょう。

それぞれの決算短信で記載される主な内容は以下の通りです。証券取引所が統一の様式例を示していて、「サマリー情報」と「添付資料」で構成されています。連結や個別の経営成績や財政状態、株式の配当状況などが盛り込まれています。

▼決算短信の構成

決算短信	
サマリー	経営成績、財政状態 キャッシュ・フローの状況 株式の配当状況、配当金予想 重要な子会社の異動 通期業績を見通す際に有用と思われる情報（※） 　　　　　　　　　　　　　　　　　　　　　　　　　など
添付資料	経営成績・財務状態の概況 連結財務諸表 　　　　　　　　　　　　　　　　　　　　　　　　　など

※業績の予想値を記載する例、業績の予想値を記載しない旨やその理由を記載する例のほか中長期的な目標などを記載する例、何も記載しない例などが見られます。

出所：東京証券取引所「決算短信・四半期決算短信作成要領等」

決算短信のどこをどう読めばいいの？

決算短信の読み方について紹介します。決算短信には膨大な情報が盛り込まれていますが、その中で株価に直接響くポイントはそう多くはありません。まずは要点を押さえた読み方ができるよう、コツを掴んでいきましょう。

決算短信でまず見るべき部分は「経営成績」「財政状態」「キャッシュフロー状況」「業績予想」の4つです。いずれも「サマリー」と呼ばれる決算短信の最初のページで確認することができます。

133

▼決算短信のサマリーページ

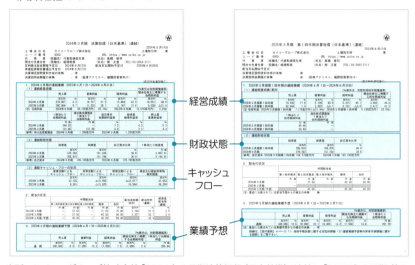

出所：セイコーグループ株式会社「2024年3月期決算短信〔日本基準〕（連結）」「2025年3月期 第1四半期決算短信〔日本基準〕（連結）」より

● 経営成績について

　ここでいう経営成績とは、売上高、営業利益、経常利益、当期純利益などの、四半期や1年間での事業の成果を表すものです。決算短信における**損益計算書**という項目の要約となっています。

　ここで押さえておくべき知識は、売上高と各利益の違いです。売上高とは事業活動によって得られた収益全体のことを指します（企業によっては営業収益と表示している場合もあります）。例としてパン屋を考えてみてください。パンが1個100円として、それを100個売れば、1万円が売上高となります。売上高から、事業活動をするために必要となる費用を差し引いた数字が利益となります。パンを売るケースであれば、パンを作る材料や店舗の家賃、店頭で販売する従業員の給与などが費用となり、これらの費用の総計が7千円であれば、売上高の1万円から費用の7千円を引いた3千円が利益ということになります。

　売上高から本業での費用を引いたものが営業利益、営業利益から本業以外の費用・収益を加減したものが経常利益、そして経常利益から税金を引いたり、特別損失（利益）と呼ばれる臨時の費用・収益を加減したものが純利益（最終損益）となります。事業を営む際、取引先や資金を融資する銀行、そして税金を支払う国など、株主以外の様々な利害関係者が存在しています。各段階の利益を見れば、それぞれの利害関係者に対して、売上高からどれだけの分け前が出ていったのかが見えてきます。そ

のため、経営を分析する際にはいずれの項目も重要ですが、もっとも重要といえるのは、株主の取り分に当たる**純利益**です。この純利益を発行済み株式で割った**一株あたり純利益（EPS）**は第5章で説明するPERを計算するための要素となります。

▼売上高と各利益のイメージ

金額のみならずそれぞれの**伸び率**の大きさなどにも注目してみましょう。前期と比較してどの程度増加したのか、あるいは減少したのかをみることで、成長性や健全性を確認することができます。利益を売上高で割った**利益率**を同業他社と比較すれば、どれだけ費用をかけずに同じ売上高を稼げるかという、経営の巧拙も見えてきます。利益率は、業種・事業環境によって妥当な水準が異なるため、同業種を時系列で比較するのがよいでしょう。

大幅な変動があった場合には「サマリー」の後に続く「添付資料」の説明などにも目を通すと、より理解が深まるでしょう。添付資料の損益計算書の欄には各利益と費用・収益の詳細が書かれています。

●財政状態について

財政状態とは、総資産や純資産、自己資本比率など、決算期末時点の企業の負債や資本・資産の状況を表すものです。決算短信における**貸借対照表**という項目の要約となっています。チェックしておきたいのは**純資産**です。

純資産をざっくり言うと、株主が出資した資金（資本金・資本剰余金）と、過去の純利益のうち配当として投資家に分配せず社内に積み立てたもの（利益剰余金）の累

計を、足し合わせたものです。投資家の取り分のうち、企業内部に留保されているものと考えることができます。もし会社が事業活動をやめて（解散して）、資産を各利害関係者に返していったとき、株主に分配される資産の額であるため「**解散価値**」とも呼ばれます。まっとうに経営されている企業であれば、純資産＝解散価値は毎期、増えていくものです。

　この純資産を発行済み株式で割った**一株あたり純資産（BPS）**は第5章で説明するPBRを計算するための要素となります。

▼純利益の分配と純資産の関係

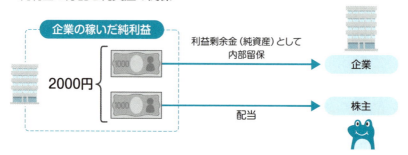

　自己資本比率は高ければ高いほど、借金に依存していない経営をしていることを意味しており、財務の安定性を測る指標とされています。ただし、自己資本比率は業種によって大きく異なるため、同業種の平均と比べることが重要でしょう。

●キャッシュフロー状況について

　キャッシュフロー（CF）とは、企業の営業活動や投資活動、財務活動によるお金の流れを表したものです。決算短信における**キャッシュフロー計算書**という項目の要約となっています。

　売上高や純利益は、会計のルール上、実際にお金が入金されていなくても計上できるため、実際のお金の流れそのものを示しているわけではありません。利益が出ていても支払いに充てる資金が不足するなど、資金繰りがうまくいかなければ事業が行き詰まってしまい、最悪の場合は倒産します。黒字経営でも支払いや返済のできない「黒字倒産」という単語を耳にしたことのある方も少なくはないでしょう。そんな不安がないかどうか、現金の流れをきちんと把握できるキャッシュフローは重視されるのです。その重要性から「**利益は意見、キャッシュは事実**」とも言われます。

　キャッシュフローは、大きく3つに分かれます。営業キャッシュフロー、投資

キャッシュフロー、財務キャッシュフローです。それぞれ、プラスとマイナスとなる要因が異なり、マイナスだからと言って必ずしも経営にとって悪いこととは限りません。銀行から借りていた資金を返済すれば財務キャッシュフローはマイナスに、将来の成長・事業拡大のために工場建設などの投資を実行した場合は投資キャッシュフローはマイナスとなります。

▼キャッシュフローの種類と増減要因例

	営業キャッシュフロー	投資キャッシュフロー	財務キャッシュフロー
内容	**営業活動**により獲得・流出した現金の流れ	利益獲得のための**投資活動**により獲得・流出した現金の流れ	資金調達など**財務活動**により獲得・流出した現金の流れ
マイナスの例	人件費を支払った 原材料を購入した	固定資産を取得した 有価証券を取得した	借金を返済した 配当を支払った
プラスの例	売上によって現金を獲得した	固定資産を売却した 有価証券を売却した	融資を受け入れた 社債を発行した

　本書では詳細なキャッシュフロー分析には立ち入りませんが、投資におけるキャッシュフロー分析の初歩として、二つだけ押さえておきたいポイントがあります。

　まず、**営業利益と営業キャッシュフローの符号が一致しているか**どうかです。本業の営業活動が実際のお金の流入を伴うものであれば、営業キャッシュフローは営業利益と同じような規模感の値、あるいは営業利益よりも大きな値になっているはずです。逆に、営業利益に比べて営業キャッシュフローの値が著しく小さい、あるいは営業利益がプラスにも関わらず営業キャッシュフローがマイナスになっている場合は、実際に企業にお金が入ってきていない利益が計上されている可能性が高いと考えられます。キャッシュの入らない利益を計上する原因は様々であり、必ずしも違法というわけではありませんが、実際に投資する場合は注意すべき兆候であることは間違いありません。決算説明会の資料や報道などを読み、理由を調べることが重要となります。

　もうひとつは**フリーキャッシュフロー**という指標が大きいかどうかです。フリーキャッシュフローは簡易的ですが、営業キャッシュフローと投資キャッシュフローの合計で水準を測れます。財務キャッシュフローは外部からの資金調達によるお金の流れなので、それ以外の二つのキャッシュフローの合計は、企業の事業活動の結果

として生じたお金の流れを示します。会社が自由（フリー）に使えるお金（キャッシュ）なので、フリーキャッシュフローと呼ばれ、企業活動の成果として投資家に配分できるキャッシュと解釈できます。逆にフリーキャッシュフローがマイナスの場合は財務キャッシュフローが頼りになるため、銀行からの借り入れや資本市場からの調達に依存してしまい、いずれ経営が苦しくなると考えられます。

　フリーキャッシュフローの減少の理由は確認が必要になります。営業キャッシュフローが減少する場合は、競争環境や事業環境の変化により稼ぐ力が減少している状態と言えます。また、実際にお金が支払われるタイミングが先の取引を前倒しで売上高として計上しているケースもあります。いずれも、成長に回すべき資金的余力がない状況に陥る可能性があります。投資キャッシュフローのマイナスが増えるときは、成長のための投資に回している状態と言えます。企業が積極的に攻めの姿勢を見せているという点では明るい話なのですが、実際に成長しているのか、または今後本当に成長する分野に投資をしているのか、しっかりと調べる必要があります。

●業績予想について

　業績予想は多くの投資家にとって最も関心のある部分かもしれません。この部分は企業によって表現はさまざまです。売上高や営業利益の予想などを示す企業が多いですが、予測が難しければ業績予想の記載自体を見送るケースも散見されます。以前出していた業績予想を修正しているかどうかもここで確認できます。ここの情報で株価が大きく変動することも多く、個人投資家の皆さんにとっても重要性は高いといえるでしょう。

　このうち、注目すべきは売上高や利益の横に記載されている前年同期比の増減です。この伸び率が大きいか小さいかで企業業績の成長力を確認することができます。また、前年同期比の伸び率を確認する際、1年前の数字が特殊要因などで歪んでいなかったかなど注意するべき点もあります。今期の伸び率が急拡大していても突発的災害などの影響で前年の数字が急減した反動の可能性もありますし、反対に伸び率が小さかった場合や減少していても、何らかの特殊要因で前年の数字が大きかった可能性もあります。こうした企業の成長力の持続性を把握する意味でも、過去3～5年程度の決算短信の内容を時系列で見て、成長トレンドを描いているかどうか確認することをお勧めします。

　業績予想がなぜ重要視されるのか、次の節で詳しく解説します。

決算短信はいつ出るの？

証券取引所は決算短信の開示時期について、「通期決算短信」では通期決算期末後45日以内が「適当」、30日以内が「より望ましい」と要請しています。いわゆる「45日ルール」と呼ばれるものです。通期決算の開示時期がそのルールを守れず、決算期末後50日を超えることになった場合には、決算開示とともに遅れた理由と翌年度以降の開示時期の見込みなどを明らかにすることになっています。

「第1・第3四半期決算短信」についても、各四半期終了後45日以内の開示が原則とされています。なお、「第2四半期（中間）決算短信」については、金融商品取引法に基づく半期報告書の法定提出期限が45日となっていることから、特段の日程の要請はありません。半期報告書が出るのならばその前に決算短信も出るでしょう、ということです。

なお、決算短信は「決算の内容が定まった場合」に直ちに内容を開示することが求められています。ですので、監査手続きの終了を待つ必要はありません。有価証券報告書などの法定開示に先んじて決算内容を開示する速報としての役割があるためです。

日本では3月末を決算期末としている企業が多いことから、これらの要請や慣行に基づくと概ね以下のような時期に決算短信が発表となる企業が多いです。

▼ 3月期決算企業の決算発表スケジュール

対象期間	決算短信の発表時期
第1四半期 （4月1日〜6月30日）	7月下旬〜8月中旬
第2四半期 （7月1日〜9月30日）	10月下旬〜11月中旬
第3四半期 （10月1日〜12月31日）	1月下旬〜2月中旬
通期 （4月1日〜翌年3月31日）	4月下旬〜5月中旬

開示時期、とくに通期の決算短信の発表が集中する4月下旬から5月中旬にかけては株価が大きく動くことも珍しくありません。通期の決算短信では次の期の業績予想が初めて公表されることも多いため、投資家の関心はいっそう集まりやすくなります。

決算短信は各社のホームページのほか、東証の適時開示情報閲覧サービス（TDnet）などで閲覧できます。

　証券取引所は決算短信の参考様式を示していますので、多くの企業が同じような形式で発表をします。また、投資家や報道機関、証券アナリストなどが効率的に分析できるよう、決算短信の提出時のファイル形式はXBRLと呼ばれる形式のデータで提出することが要請されています。

まずは決算説明資料から眺めるのもアリ

　ここまで決算短信について説明してきましたが、数字ばかりの資料であり、取っつきにくさを感じている方も多いと思います。もっとわかりやすくポイントを調べたい場合は、**決算説明資料**から読んでみるという手もあります。

　決算説明資料とは、記者や証券会社のアナリスト向けの決算説明会や決算発表会見で使う資料です。企業の経営陣が説明する際の補足資料であり、企業分析の基礎となるデータがわかりやすく整理され、グラフ化されているものが多いのが特徴です。まず気になる企業の決算説明資料を読み、足元の事業環境はどうか、稼ぎ頭の事業は何か、などをチェックするのがよいでしょう。

　決算説明資料は、決算発表日の当日、あるいは翌日に、企業のホームページに公開されるケースが多いです。ただし、決算説明資料の開示は企業の任意なので、必ずしもすべての上場企業で開示されているわけではない点に注意してください。

　また、QUICK Money Worldの個別銘柄の情報ページでも、ここまで説明してきた企業分析の基礎となるデータについて、無料会員限定でグラフ化して見やすく提供しています。有料会員であればデータのダウンロードも可能です。以下のQRコードからご覧ください。

【QUICK Money World】

https://moneyworld.jp/stock/

例）トヨタ自動車

https://moneyworld.jp/stock/7203

本書の範囲を超えた、少しレベルアップした業績の見方や企業分析の方法について、「QUICK Money World【公式】」のYouTubeでも解説しています。こちらもご覧ください。

【QUICK Money World【公式】YouTube】

https://www.youtube.com/@QUICK_QMW

3 業績予想が重要と聞きましたが？

なぜ業績予想は重要なの？　未来の推測の話だよね？

株式市場は将来どうなるかを考えながら売買しているからさ。決算短信で公表されるデータはあくまで少し前、過去の話。株価に織り込まれているのは、過去の実績ではなく、将来どうなるかについての投資家の予想なんだ

どうして業績予想が重要なの？

　業績予想とは、上場企業などが売上高、営業利益、経常利益、純利益などについて、この先の見通しを示したものです。

　株式市場は終わった決算の数字だけでなく、将来どうなるかを予想し、株式を売買しています。そのため、株価に織り込まれているのは、過去の実績値ではなく、未来の予想値となります。第5章で説明する**PER（株価収益率）や配当利回りといった割高・割安を測る投資指標は、一般的に予想値を使って計算されています**。そのため、業績予想は株価に影響を与える注目の数字であり、株式投資にとって重要な判断材料の一つなのです。

　上場企業から開示される業績予想は、四半期予想、半期予想、通期予想と企業によって異なります。上場企業にとって業績予想の開示義務はありませんが、一般的に多くの企業が、決算発表をする際にこの先の見通しも合わせて開示しています。企業にとっては、業績予想を開示することで、開示の透明性をアピールし、投資家との円滑なコミュニケーションを図る狙いがあります。

　一般的に業績予想は決算発表のタイミングに合わせて開示されることが多いです。企業が稼いだ一定期間の経営成績をまとめた「決算短信」の中で、将来の業績予想を開示します。決算短信の1枚目の冒頭は、「企業の通信簿」にあたるこれまで稼いできた結果を開示し、その下に今期予想などこの先の業績見通しである業績予想

を開示することが多いです。

▼決算短信における業績予想の開示箇所

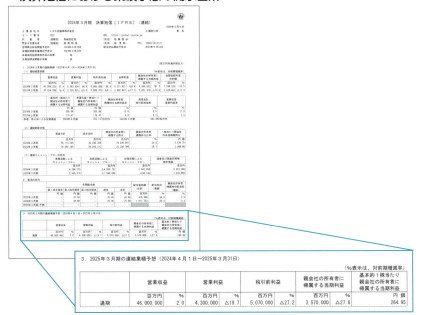

出所：トヨタ自動車株式会社「2024年3月期　決算短信（IFRS）（連結）」(https://global.toyota/pages/global_toyota/ir/financial-results/2024_4q_summary_jp.pdf)より

　業績予想が良い場合は、この先事業が拡大していくと判断され、配当金の増額などの期待から株を買いたい人が増えます。一方、業績予想が悪い場合は、業績の不振や配当金が減額される恐れなどから株を売りたい人が増えることになります。

　株式投資では、企業の業績予想はとても重要な投資情報です。決算発表時に開示される業績予想、その後、修正があれば発表される業績予想修正、どちらも株価に大きな影響を与える数字なので発表された場合は必ずチェックしましょう。

業績予想を見るときのポイントは？

業績予想を読むときのポイントについて紹介します。

●「決算短信」の業績予想を確認する

　一般的に、上場企業の業績予想は、企業が稼いだ一定期間の経営成績をまとめた「決算短信」に業績予想を開示する企業が多いです。日本の上場企業は現在、3カ月ご

との四半期決算短信、1年間を通じた通期決算短信の公表が義務付けられています。四半期の決算短信で業績予想を開示する企業があったり、通期決算短信のタイミングで業績予想を開示する企業もあり、そのスタイルはまちまちです。特に注目なのは、通期決算発表時に開示される、次の決算期の業績予想です。

業績予想では、損益計算書の主要4項目(売上高、営業利益、経常利益、当期純利益)の数字が開示されることが多いです。企業にとって業績予想の開示義務はないので、開示項目は4つだったり、3つだったりと企業によって異なります。

●業績予想をアナリスト予想と比べてみる

企業が発表する業績予想を一般的に「会社予想」と呼びます。会社予想以外にも、「アナリスト予想」と呼ばれる証券会社などのアナリストが予想するものや、日本経済新聞社が予想する「日経予想」、東洋経済新報社の『四季報』に掲載されている「四季報予想」などいくつか種類があります。会社予想は決算発表時に開示されますが、アナリスト予想は、決算の間の経済環境の変化などを織り込みながら、日々変化しています。株式市場のプロは、このアナリスト予想に基づき適正株価を計算し、売買しています。そのため、**決算発表時には、事前のアナリスト予想と、開示された会社の予想の差に注目が向かいます。株価に織り込まれていたアナリスト予想を会社予想が上回れば買い下回れば売りといった反応が起こる傾向にあります。**

QUICK Money Worldでは、企業が開示した業績予想の修正履歴を表示しています。さらに、QUICKが算出しているアナリストの業績予想の平均(**QUICKコンセンサス**)を、企業が発表した新しい業績予想が上回ったか下回ったかについて、一覧で提供しています。以下のQRコードからご覧ください。

【QUICK Money World】
トヨタ自動車の業績予想修正履歴

　　https://moneyworld.jp/stock/7203/earnings_forecast

【QUICK Money World】
決算星取表(無料会員への登録が必要)

　　https://moneyworld.jp/news/list?tag=400203

【QUICK Money World】

サプライズメーター（決算発表シーズンの主要企業について直近1週間分のみを表示）

https://moneyworld.jp/tools/financial_result_surprise

● 過去の業績も確認する

　過去の実績がどうだったのか数年の流れも確認すると良いでしょう。業績予想の営業利益が直近の実績より伸びていても、実は数年ずっと右肩下がりでようやく少し回復しそうだという予想かもしれません。このまま回復していくような好材料が見られない場合は、買うタイミングではない可能性もあります。また純利益が急増しているように見えても、前年の一時的な赤字から脱却しているだけかもしれず、その場合は、過去の比較での回復度合いで評価が分かれるかもしれません。

業績予想は修正される？

　業績予想で注目すべきは、当初の業績予想だけでなく、「**業績予想修正**」です。業績予想がある一定の水準以上の乖離となる場合は業績予想の修正を発表する必要があります。東京証券取引所では、売上高が直近予想より10％、営業利益、経常利益、当期純利益が直近予想より30％、上下に乖離することが判明したら直ちに業績予想修正を発表することをルールとして定めています。

▼ **適時開示情報での業績予想修正の開示例**(緑枠部)

▼郵船の開示情報の内容

（2）2023 年 3 月期 通期連結業績予想数値の修正（2022 年 4 月 1 日～2023 年 3 月 31 日）

	売上高	営業損益	経常損益	親会社株主に帰属する当期純損益	1 株当たり当期純損益
前回発表予想（A）（2022 年 5 月 9 日発表）	百万円 2,300,000	百万円 187,000	百万円 760,000	百万円 720,000	円　銭 4,262.30
今回修正予想（B）	2,500,000	250,000	1,040,000	960,000	5,674.54
増減額（B－A）	200,000	63,000	280,000	240,000	
増減率（%）	8.7%	33.7%	36.8%	33.3%	
（ご参考）2022 年 3 月期実績	2,280,775	268,939	1,003,154	1,009,105	5,973.76

出所：日本郵船株式会社「2023 年 3 月期 業績予想の修正に関するお知らせ（2022 年 7 月 21 日）」
(https://www.nyk.com/ir/news/2022/__icsFiles/afieldfile/2022/07/21/jpn20220721.pdf)
より

　業績予想修正には、業績が当初予想を上回る「**上方修正**」と、当初より下回る「**下方修正**」があります。業績予想が上方修正されれば、予想より業績が良いとの判断から株価は上昇することが多いですし、逆に下方修正されれば、思っていたほどではなかったと株価は下落する傾向があります。

　業績予想の修正は、直近予想より一定の基準以上に乖離することが判明したら直ちに発表する必要があります。例えば、3 月期決算の銘柄であれば、3 月期通期の決算発表自体は 4 月から 5 月中旬の間に発表します。ですが、もしも決算を締める期末の時点で業績修正の必要があることがわかれば、期末直前の 3 月下旬にも業績予想を修正し発表することになるでしょう。実際の決算発表日よりも少し前に修正が発表されるケースが多いことに注意してください。

　また、期末直前の 3 月下旬に業績予想を修正した銘柄があったとします。その段階での上方修正は、今度の決算発表の業績が良好との材料であり株価にとってはポジティブな材料になるでしょう。その銘柄は 5 月頃、業績予想を上方修正した期の決算を発表するとともに、次の決算期（今期）の業績予想を開示します。ここで問題となるのは、この今期予想の数字です。この今期予想が、悪い予想だったり、それほど伸びが見込めない状態だったりした場合、いくら通期決算の内容が良くても株価が急落するリスクがあります。

　株価は未来を織り込んで動く習性があります。株価を動かす材料としては、過去、つまり終わった決算期の決算内容より、この先の見通しの方が重要です。終わった決算期が好決算で、事前に業績予想の上方修正までしたとしても、それは決算発表日までには織り込まれ、市場は次の決算期の業績予想の方を重視していくのです。

4 円高・円安と企業業績の関係は？

将来の業績に影響を与える情報って、例えばどんなものがあるの？

代表的なものに為替相場があるよ。日本の輸出企業は円安になれば業績にプラス、円高になれば業績にマイナスの影響があると言われているんだ

円高・円安とは？

「円高」「円安」は、為替相場で使われる言葉で、外国通貨に対して日本の通貨である「円」が「高い」か「安い」かを表す表現です。円を外国通貨と交換するには、需給と供給の関係で変動する為替相場で交換比率が決められます。その交換比率の変動により、円高・円安の現象が起こります。

例えば日本円と米国の通貨「ドル」では、「円高・ドル安」、「円安・ドル高」などの表現があります。為替相場では、円と外国通貨はシーソーの様な関係です。そのため「円高・ドル高」といったような、両方の通貨が同時に高くなったり、安くなったりというような表現は使われません。

▼為替のイメージ

1ドル＝120円と1ドル＝100円の状況を比べた時、1ドル＝120円の方が1ドル＝100円に比べて「円安」と表現されます。

　円安という状況について、"あるモノの価値"を想像して考えてみましょう。例えば昨日まで100円で変えた"あるモノ"が今日は120円払わねば買えない──となると、この"あるモノ"の価値は「円に対して高まった」といえます。この"あるモノ"がドルという通貨だったらどうでしょうか。昨日は100円で1ドルもらえたのに、今日は120円出さないと1ドルと交換できないとなれば「円に対するドルの価値が上がった」つまり「円が安くなり、ドルが高くなった」といえます。為替の世界では、円と外国通貨はシーソーの様な関係なので、ドルの価値が高いということは円の価値は低い、つまり、円安・ドル高となるわけです。円安とは、外国通貨に対して円の価値が低くなっている状態なのです。

　一方、円高の状況とは、外国通貨に対して円の価値が高くなることです。1ドル＝120円と1ドル＝100円では1ドル＝100円の方が円高になります。少ない円で多くのドルと交換できる状況を「円高・ドル安」と言います。

　円高・円安の状況が頭の中で整理されるまでは、表現に騙されて少し混乱してしまうことがあるかもしれません。混乱するようであれば、最初のうちは割り切って、為替の表現は一般的な日本語の感覚とは逆なんだ、1ドル＝100円が1ドル＝120円と円の数字が大きくなったら、「円安」と覚えてしまうのも一つの手です。

どうして為替は動くのか？

　為替は平日であれば世界中のどこかで24時間取引されています。ですが、株式のように特定の場所に取引所があるわけではありません。取引の中心となる銀行の所在地により呼び方が変わっていきます。例えば、日本時間の朝から夕方ごろの取引の中心は東京外国為替市場です。その後、日本時間夕方からはロンドン外国為替市場、日本時間夜にはニューヨーク外国為替市場へと取引の中心が移っていきます。市場参加者も多種多様で、それぞれの目的をもって取引をしています。例えば、グローバル展開している企業、銀行や証券会社や保険会社などの金融機関、年金基金やヘッジファンドなどが市場参加者になります。為替市場では、企業が輸出・輸入で使うための実需による取引から、金融機関やヘッジファンドなどによる投資や投機筋など取引目的も多岐に渡ります。

　為替相場は、様々な要因で動きます。例えば日本企業の米国への輸出が増えれば、ドルで受け取った代金を日本円に交換するため、ドルを売って円を買う取引が増え、

円高・ドル安の傾向になります。外国人投資家が日本の株式を購入する量が増えれば、ドルを売って円を買う動きが強まります。

　物価や金利の変動も為替相場に影響を与えます。各国の金利は、その国の通貨を保有（預金）していればもらえる利息の目安となるため、一般的に、**金利が上昇した国の通貨は買われる傾向にあります。**たとえば、米国の景気の回復期待を背景に米国の金利が上昇し、日米の金利差が拡大すれば、円を売ってドルを買う動きが強まり円安・ドル高が進みます。

　逆に2024年は7月に日本が利上げ、9月に米国が利下げを実施しました。米国の利下げ、日本の利上げにより日米金利差が縮小したことで、円高・ドル安基調が強まりました。このように、中央銀行による政策変更は為替相場に大きな影響を与えます。

　国の経済や財政状況なども為替相場に影響を与えます。基本的には、ファンダメンタルズ（経済の基礎的条件）が良い国の通貨は高くなる傾向があります。債券や株式を購入したりと何らかの投資をする場合、基本的にはその国の通貨を取得する必要があるためです。ですから、財政赤字が深刻化すると、その国の国債を買おうとする投資家が減り、その国に投資をしようとする企業も減ることから、その国の通貨は売られる傾向にあります。

　この他にも、投機的な動きから為替相場が動いたり、各国政府や中央銀行が為替相場を安定させる目的で外国為替市場に市場介入することがあります。

　このように、円高・円安と為替相場が動くのは様々な事象が絡むため一概に一つの要因とは言えないことが多いです。

　QUICK Money Worldでは、主要な為替相場をチャートで確認することができます。たとえばドル円相場であれば、以下のQRコードからご覧ください。

【QUICK Money World】

https://moneyworld.jp/market/XJPY%2F8_D

為替と景気、業績の関係は？

　為替相場が円高傾向になると、自動車や半導体、精密機器などの輸出産業は、割高な値段で輸出することになるため、価格面での競争力が低下し、収益が悪化する傾

向があります。

　逆に円安になれば、同じ量の外国通貨で、より多くの日本製品を購入できるようになります。つまり、日本製品の国際市場での価格競争力を高める結果となります。

　一般的に輸出入産業の企業は、業績の見通しや事業計画を発表する時に前提としている「**想定為替レート**」を発表します。ただ、為替相場は変動するので、決算をまとめる段階で想定為替レートからずれることが多々あります。

　輸出企業にとっては、想定為替レートから円高になっていれば、予想より業績が悪化し、円安になっていれば業績が改善することになります。大手企業にとっては、為替が1円動くことで業績が想定より数百億円単位で変わってくるので、為替相場の動向はとても重要になります。上場企業の想定為替レートの一覧(有料会員限定)は、以下のQRコードで提供しています。

【QUICK Money World】

https://moneyworld.jp/news/05_00034816_news

　為替相場での円高・円安の動きは、株式相場にも大きな影響を与えます。輸出入企業にとって為替の動きは業績に直結するので、為替相場の動向で株価も影響を受けます。

　一般的には、円安になると輸出企業の株価が上がる傾向があります。円安時に株価が上昇しやすい銘柄には、自動車、ロボット、電子部品、精密機械、鉄鋼産業などがあります。**一方、円高は輸入企業にメリットがあります。**円高時に株価が上昇する銘柄は、石油・ガス、食料品、輸入家具、紙や木材など原材料産業などです。

▼円安・円高と日本企業のビジネスの関係

	輸出	輸入
円高	不利	有利
円安	有利	不利

　企業業績から話はそれますが、為替は外国人投資家の動向にも影響を与えます。外国人投資家にとって、日本株のような円建て資産への投資は、円高が進む方が自国通貨でみて有利になります。ただ、円高になると海外の機関投資家や年金の運用

資産に占める円資産の割合が高まってしまい、全体のバランスを取るために日本株を売る動きにつながるケースもあります。為替の影響による外国人投資家の動きは、その時々の状況によって異なるので状況に応じた判断が必要です。

　為替・金利・株式相場は密接に関係しています。金利の変動が、為替に影響を与え、為替が動くことで、企業業績や株式相場が影響を受ける——。為替・金利・株式のどこが「きっかけ」になってもおかしな話ではなく、どこかが動くことで、連鎖的に他の相場へも影響が出るという関係性です。株式相場の動向を占うには、為替相場も金利動向も把握することが大切です。

5 企業の業績が良いと株主にどう還元される？

そもそも、業績がよいと株主にはどんな良いことがあるの？

企業の利益が株主に還元される方法は大きく分けて2種類あるよ。配当と自社株買いだね。配当をもらうのであれば、いつ株式を保有しているかが重要なんだ

配当とは？

配当とは、株を保有している人である株主に対して、企業の利益の一部を現金で支払うものです。一般的に、業績の良い企業は、年に1回から2回の配当を実施します。ただ、すべての企業が配当をするわけではありません。また、配当を実施している企業でも、毎年必ず配当があると約束されているわけでもありません。

配当の金額は保証されたものではなく、企業やその企業の業績によって異なります。例えば赤字など業績が悪かった場合、無配といって、配当金がゼロの年もあり得ます。一方で、好業績だった場合には、増配といって、配当金を前年度比で増やすこともあります。逆に業績が芳しくなかった場合などは減配といって、配当金を減らすこともあります。配当の状況や計画は、決算短信のサマリーにも記載されています。

配当とは別に、**株主優待**という制度があります。株主優待とは、株主が企業から貰える商品やサービスなどの優待のことです。優待の内容は、株主が「貰えるとちょっと嬉しいな！」と思える品々です。自社製品やお米、プリペイドカードなどの金券や優待券、カタログギフトなど様々なタイプがあります。株主優待は、企業が株を保有してくれる株主へのお礼として贈るものと捉えてもよいです。よい銘柄を選べば、配当と株主優待だけでも十分な利益を得ることができます。どのような株主優待があるかは、以下のQRコードからご覧になれます。

【QUICK Money World】

https://moneyworld.jp/yutai

▼配当と株主優待の違い

配当	企業が稼いだ利益を株主に分配することで、株主は保有する株式数に応じて現金を受け取る
株主優待	株主が保有する株式数に応じて企業から貰える商品やサービスなどの優待

権利確定日・権利落ち日とは？

　権利落ち日とは、株式を保有する株主が配当や株主優待といった権利を取得できる最終取引日の翌営業日（翌日）のことです。権利落ち日の個別銘柄の株価は、理論上は1株あたり配当金の分だけ値下がりします。もっとも、株価変動要因は配当金だけではありませんので、必ず理論通りに株価が下落するわけではありません。配当金や株主優待などを受ける権利はすでに確定してしまっているため、権利落ち日にその株を買い付けても、その年の株主の権利を取得することはできません。

　権利落ち日を理解するためには、株主の権利を取得する仕組みやタイムスケジュールを知る必要があります。

　まず、一連の流れを理解するために知らなければならない用語を紹介します。「**権利落ち日**」の他に、「**権利確定日**」、「**権利付最終（売買）日**」というものがあります。

　株主の権利である配当や株主優待を受け取るには、企業が定めている「権利確定日」に株主として株主名簿に掲載されている必要があります。権利確定日は、年1回だったり2回だったり企業によって様々です。実際の配当金は権利確定日の2カ月後くらいに受け取ることができます。

　「権利確定日」に株主として記録されるためには、その日に株式を取得しても記録されないので注意が必要です。権利確定日より2営業日前（土日や祝日は営業日ではないので含みません）に株式を取得しておく必要があります。その日が「権利付最終（売買）日」となります。

　株主の権利を得るための大切なポイントは、「権利付最終日」の大引けまでに株式を取得し保有している人がその年の「権利確定日」に株主として記録されることで

す。権利付最終日の翌日が権利落ち日です。

具体的な日程でイメージしてみましょう。3月末日を決算期日とする企業の場合、次の図のようなカレンダーであれば3月31日（木）が期末にあたり権利確定日となります。この場合、権利付最終日は3月29日（火）、権利落ち日は30日（水）となります。こう考えると、権利付最終日のことを「実質的な権利確定日」と捉えることもできます。

▼権利確定に関する日程のイメージ

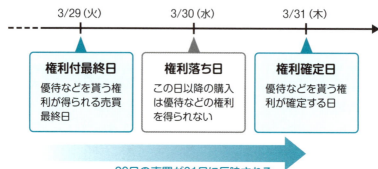

自社株買いとは？

会社が営業活動によって獲得した利益を株主に還元することを株主還元といいます。配当は現金で利益を分配しますが、他にも還元方法があります。その一つが**自社株買い（自己株式取得）**です。適時開示で「自己株式の取得」といったタイトルで開示されます。

自社株買いとは、上場企業が既に発行している株式を自分の資金を使って買い戻すことです。自社株買いは株主にとってポジティブな材料です。株主にとってのメリットを簡単にまとめると以下があります。

▼投資家にとっての自社株買いのメリット

- ☑ 1株当たり利益（EPS）、ROE（自己資本利益率）など財務指標の改善
- ☑ 短期的な株式需給の改善

企業が自社株買いをする目的の一つは、株主に対する利益還元です。企業は取得

した自己株式を**消却**することで発行済み株式数を減らすことができます。

　自己株式の消却とは、簡単に言うと、自社で買った株を消滅させることであり、発行済み株式数の減少に繋がります。発行済み株式数が減ると株主にとって何が良いのかというと、一株当たり利益（EPS）や自己資本利益率（ROE）など財務指標が改善します（詳細は第5章で解説します）。EPSは純利益÷発行済株式数で算出するので、純利益が変わらず自社株買いで発行済み株式数が減少すればEPSは増えます。ROEは、純利益÷自己資本で計算します。自己資本も自社株を消却した分だけ減るので、ROEが増えることになります。

　企業が自己株式を取得すると、取得による短期的な買い需要が見込まれるほか、市場に流通する株式数が減るため、買いと売りのバランスである需給が改善することによる株価上昇も期待されます。

　一方で、自社株買いをしたからといって企業が必ずしも自己株を消却するとは限りません。消却をせずに「金庫株」として保管する場合もあります。金庫株は、企業の判断で再び市場に放出（売却）することもあり得ます。

　もうひとつ、自社株買いの発表は、企業の経営者が自社の株価は割安だ（から買う）というメッセージだという考え方もあります。

　基本的に企業の自社株買いの発表は投資家にとってはポジティブな評価となることが多いです。自社株買いは、株式市場での買い付けや、東京証券取引所の立会外取引「ToSTNeT（トストネット）」を使う方法があります。

第2部 株式投資を知る

第5章 投資指標入門

投資指標の基本！PERとは？

決算の数値の読み方はなんとなくわかってきたけれど、結局、どの株がお買い得なのかな？ わかりやすい指標はないの？

株価が割高か割安かを測る指標として代表的なものにPERがあるよ。株価に織り込まれた投資家の期待を測るこの指標は、高ければ割高とされるんだけど、単純に低ければいいというものではないんだ。使い方に気をつけてね

PERとは？

PERとは、「**P**rice **E**arnings **R**atio」の略語で、日本語では**株価収益率**といいます。PERは企業の現在の株価がその企業の収益に対して「割高」か「割安」かを判断する時に使われるもので、最も有名な投資指標の一つです。「ぴーいーあーる」と読む人が多いですが、「ぱー」と発音する人もいます。プロの間では「P/E」と表記されることもあります。

PERの計算式は、「株価÷1株当たりの利益」で計算され、単位は（倍）です。**1株当たり利益**は、**EPS**（**E**arnings **P**er **S**hare）と呼ばれるものです。損益計算書の当期純利益を発行済株式数で割って計算します。株価をEPSで割ることで、PERは「1株当たり利益（EPS）の何倍まで株価が買われているか」を示しています。時価総額を当期純利益で割ってもPERが算出されます。高ければ高いほど、利益に対して高い株価がついている（割高）と考えることができます。

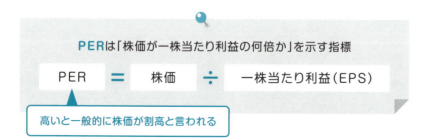

多くの企業は決算を発表する際、利益について実績の数字と予想の数字を発表します。株式投資は将来の予想を織り込みながら動く性質があるので、一般的にPERは実績ベースより**予想ベース**の方が注目されます。

2024年8月末時点の東証プライム全銘柄の平均予想PERは15倍です。一般的にPERで「割高」、「割安」を判断するとき、東証プライム銘柄の平均PERを一つの目安として使うことがあります。ただ、これはあくまでも目安です。業種によっても平均PERは異なりますので、必ずしも全体と比べることが適しているとはいえません。使う場合は、**同業種や競合のPERの平均と比べて**、それよりも上なら割高、下なら割安といったように考えるとよいでしょう。

▼**会社予想に基づく業種別平均PER**（2024年8月末時点）

PER 上位業種		PER 下位業種	
業種名	PER	業種名	PER
医薬品	34.3	海運業	6.0
サービス業	25.2	鉱業	7.6
精密機器	23.9	鉄鋼	8.3
小売業	23.4	電気・ガス業	9.4
その他製品	22.7	証券商品先物	9.5
電気機器	20.4	パルプ・紙	9.7
情報・通信業	18.4	輸送用機器	9.8
化学	18.1	ゴム製品	10.1
食料品	17.8	石油・石炭製品	10.6
ガラス・土石製品	17.7	卸売業	10.9
繊維製品	16.0	水産・農林業	11.6
機械	15.6	空運業	11.6
全銘柄	**15.0**	保険業	11.6
金属製品	14.0	その他金融業	11.6
不動産業	13.6	銀行業	11.6
陸運業	13.4	倉庫運輸関連	12.2
建設業	12.5	非鉄金属	12.3

出所：QUICKデータを集計

表をみてわかる通り、業種によってPERの水準は大きく異なります。成長期待の高さや成長ペースの継続性などから、業種ごとに妥当とされるPERの水準が変わるということです。例えば、海運、鉱業、鉄鋼、石油・石炭製品などの業種は**市況関連**と呼ばれており、取り扱う製品・サービスの市場価格の変動が大きく、収益の安定性に乏しいとみられていることから、平均PERの水準も低くなる傾向があります。

159

株価は「期待」を織り込んで動く

株価は現実と期待の掛け算で決まるといわれており、その期待がPERに織り込まれているといわれます。株式投資をするうえで重要なポイントなので、詳しく説明します。

まず、PER 20倍の意味を直感的にとらえましょう。仮に、株主の取り分である純利益が毎年同じであると仮定したとき、その20倍の株価で株式を買ったということは、20年で投資した資金の元が取れる、ということです。なので、利益が安定して成長する企業（＝より長い年数持ち続けても安心）や、利益が2倍3倍と急成長する企業（＝元が取れる期間が短縮する）は、高いPERがつきやすいということです。

少し視点を変えてみましょう。PERの逆数、つまり一株当たり利益を株価で割ったものを、**株式益回り**と呼びます。これは、株式を市場で購入した人にとっての一株当たり利益の利回りを示しています。

実験として、ある個別企業への投資を考えてみます。その企業と同じビジネスを手掛けている同業種や競合企業の平均PERが15倍（株式益回りは6.66％）のとき、企業のPERがどういう水準であれば、どういう情報（期待）が織り込まれているかをシミュレーションしたものです。

▼ PERに織り込まれた期待（業種平均PERが15倍の場合）

PER（値）	株式益回り	益回りが6.66％になるのに必要な純利益の成長率
200	0.5％	1233％（13.3倍）
100	1％	566％（6.66倍）
50	2％	233％（3.33倍）
30	3.33％	100％（2倍）
20	5％	33％（1.33倍）
10	10％	-33％（0.67倍）

ある企業のPERが30倍で、その企業の属する業種の平均PERが15倍のとき、一見、割高に見えます。ですが、利益が2倍に成長するのであれば、益回りの観点から、業種平均の2倍のPER（30倍）は妥当であるというわけです。株価は一人の投資家の期待ではそうそう動きませんが、様々なニュースや、証券会社のアナリストの開示している**業績予想のコンセンサス**（第4章を参照）を見て、実際の利益は会社予想の2倍に膨らむと思う投資家が増えたとしましょう。その企業の属する業種の平均

160

PERが15倍であれば、その2倍の30倍は許容できる、つまり割高ではなく妥当な水準だ、という判断で買われていくことになります。そして決算発表が近づいてくると、株式市場は次の決算期の業績を予想し始めます。その予想がどうなるかで、またもやPERの水準は変わり、株価が変動するわけです。

期待の織り込み方には様々なパターンがあります。例えば、会社が予想している一株当たり利益10円が、特別損失によって一時的に低くなったもので、一株当たり利益は20円までV字回復することが確実視されているパターン。あるいは、いきなり次の決算発表で2倍とはいきませんが、少し長い時間軸で、高い成長率が続くと期待されているパターンもあります。

PER10倍でも「割高」に見えるような逆のパターンも同様に考えることができます。会社の一株当たり予想利益が10円で、株価が100円、PER10倍だとしても、会社の予想が過剰に高い、あるいは一時的な特別利益でかさ上げされている、あるいは長期的に利益は減っていくと株式市場が見ていれば、PER10倍は割高に見えるわけです。

PERについてまとめると

5

少しややこしい話をしましたが、株式相場の重要な側面であるので、個別株式への投資でPERを使うときは是非覚えておいてください。最後に簡単に整理しておきましょう。

一般的にPERが高い銘柄は、「利益の成長性が高い」あるいは「特別損失によって一時的に利益水準が低い」と期待されている傾向があります。一方、PERの低い銘柄は、「利益の成長性が低い」「特別利益によって一時的に利益水準が高い」と思われている傾向があります。そして、妥当とされるPERが低い業種は「利益が不安定」と思われている傾向があります。

PERを使うときは、投資したい企業について①所属する業種・同業の平均PERと比べる、②一株当たり利益に対して、株式市場はどう予想（期待）しているのかを調べる、③株式市場の予想を考慮したうえで、投資したい企業のPERが業種平均と比べて高いか低いかを考える、といったステップで考えるとよいでしょう。難しい場合はまず①だけでもやってみてください。また②で、どの程度の期待が織り込まれているかは、第4章で説明したQUICKコンセンサスが一つの目安となります。

161

注意したいのは、災害や経済状況の悪化など大きなショックが起こったとき、またはある業種の事業環境が一変してしまったときは、ここで説明した限りではありません。ある業種、産業、あるいは国の経済全体がどうなるか先行きの見通しが見えなくなるようなことが起きた場合、業種平均や株式市場全体の妥当なPERの水準が一時的にわからなくなってしまう、あるいは大きく水準が変わるときがあります。こういう時は、先行きがどうなるか、投資家の間で見通しが定まってくるまでは、いったんどの銘柄も売り込まれ、なかなか浮上しないという場合があります。

　東日本大震災で原子力発電所の事故が起こるまでは、電力会社株というのは、高配当利回り・安定利益の代表格であり、業種平均PERも20～30倍が妥当とされていました。しかし事故以降、電力会社の利益・配当は不安定と考えられるようになり、妥当とされるPERが1桁台で推移するような時期が長く続きました。このPERの変化は、仮に利益が一定だとしても、株価では2分の1、3分の1になるような変化です。

　株式市場の期待値と、その期待値に変化を与える経済環境の変化はないかどうかを、QUICK Money Worldのようなサイトでしっかり調べることが、投資の成功の第一歩となるでしょう。

【QUICK Money World】

 https://moneyworld.jp/

2 PBR、ROEとは？

PERは難しいけど、なんだか投資の勉強しているって感じがして面白かったな。ほかにも指標はないの？

よく見られる指標でいえば、PBRとROEも押さえておいたほうがいいね。これも勉強すれば、株式とは何かについての理解が深まるかもよ

PBRとは？

PBRとは、「**P**rice **B**ook-value **R**atio」の略語で、日本語では「**株価純資産倍率**」と言います。PBRはPERと同様、株価水準の妥当性を判断する投資指標です。

PBRの計算式は、「株価 ÷ 一株当たり純資産」で、単位は（倍）です。

一株当たり純資産とは **BPS**（**B**ook-value **P**er **S**hare）と呼ばれています。純資産（第4章を参照）とは、ざっくり言うと貸借対照表（B/S）の「資本金」「資本剰余金」「利益剰余金」の合計値になります。株主からの出資金やこれまでの純利益の蓄積などを足し合わせたものであり、言い換えると、株主の取り分のうち、配当などで株主に還元せず、企業に留保しておいたものの総額となります。純資産は、仮に企業が解散した場合、銀行への借金（負債）を返済したうえで株主の取り分として残る金額だとする見方もあり、**解散価値**ともよばれます。

この純資産を発行済株式数で割ったものが一株当たり純資産（BPS）です。PBRは純資産をベースに計算するので、「株価に対してどれくらいの資産を持っているか」を判断する指標です。PERは予想利益で計算されることが一般的ですが、PBRは実績で計算されることが一般的です。会社は利益予想を公表しますが、今年度の純資産がいくらで着地するかの予想は出さないことが、理由の一つです。

PBRは「株価が一株当たり純資産（≒自己資本）の何倍か」を示す指標

PBR ＝ 株価 ÷ 一株当たり純資産（BPS）

高いと一般的に株価が割高と言われる

　少し定義は異なりますが、**自己資本**という貸借対照表の項目が、純資産とほぼ同じものであり、PBRの計算では一株当たり自己資本が使われることもあります。　自己資本は、純資産から新株予約権と非支配株主持分を差し引いたものとなります。

　PBRの目安は1倍です。PBRが1倍ということは、株価と1株当たり純資産が一致していることになります。これは投資先の企業が解散しても理論上は投資したのと同じ金額が戻ってくることを意味しています。PBRが1倍よりも大きい時は、株価がその企業の1株当たり純資産より高く「割高」になっています。PBRは数が大きい程、割高となります。

　ただ、PBRが1倍を下回っているから「割安」とは言えません。PBRが1倍割れの時は注意が必要です。一般的に、PBRが1倍割れ、つまり、株価が解散価値である1株当たり純資産より低い状態で放置されるということは、何か理由があるわけです。PBRが1倍を下回る状態が続いているということは、株主の取り分である純資産が何らかの理由、たとえば保有資産の大幅な含み損、あるいは大幅な赤字により、目減りする懸念があると考えることができます。

　PBR1倍割れのもうひとつの理由は、その企業に投資したとしても、期待した利回りが見込めないと市場が見ているためです。株式投資はリスクのあるものなので、そのリスクに応じた水準のリターンを投資家は求めています。リスクをとったのに、預金金利以下のリターンしか期待できなければ、わざわざその銘柄を買う投資家はいません。次に説明する**ROE**という指標が、その期待しているリターンよりも低いとき、PBRは1倍を割れるケースが起こりがちです。なお、この**期待リターン**を、上場企業の視点から**株主資本コスト**と呼びます。株式投資家にとってのリターンとは、上場企業から見れば、株式で資金を調達した対価として投資家に支払う費用（コスト）であるためです。

　PBR1倍割れは、「割安だから」と飛びついていいわけではなく、投資するのであ

164

れば注意する必要があります。PERと同様、業種別の平均やニュース等を見ながら、割安なのか敬遠されているだけなのかを見抜く必要があるということです。

ここまでに紹介したPERとPBRは株価の妥当性を判断するという点でとても似た投資指標です。違いは、PERは純利益ベース、PBRは純資産ベースで見ている点です。PERは、企業が出す利益に対して株価が妥当かどうかがわかります。PBRは、企業が持つ純資産に対して株価が妥当かどうかがわかります。どちらも投資をする上で役立つ指標です。ただ、どちらも絶対的なものではありません。株式投資はさまざまな情報から分析し総合的に判断することが大切です。

ROEとは？

ROEとは、「**R**eturn **o**n **E**quity」の略語で、日本語では**自己資本利益率**といいます。ROEは、株主が投資した資金に対してどれだけの利益が生み出されたのかを示す財務分析の指標の一つです。企業がどれくらい効率よくお金を稼いでいるかがわかります。

ROEの計算式は、次のようになります。

計算式に出てくる**当期純利益**は、第4章で説明したように、損益計算書に出てくる、株主に帰属する最終利益です。自己資本（≒純資産）は、PBRの説明で触れたように、純利益のうち将来の成長のために企業に留保した株主の取り分や、株主からの出資金の合計です。事業を運営するうえで、返済しなくてもよいお金です。ROEは、この自己資本を使って計算します。外部に返済する必要がある資金、たとえば銀行からの借入金や社債などを、会計用語で「他人資本」と呼びます。決算単信の貸借対処表では、負債の部に計上されています。

なお、計算式に株価を使うPERとPBRは**投資指標**と呼ばれる一方、ROEは計算式に株価が出てこず、決算短信に掲載された財務情報のみを使って計算される指標であるため**財務指標**と呼ばれることがあります。利益を売上高で割る利益率も財務指標です。

ROEの計算式の意味は、株主が投資したお金（株式発行時に対価として払い込んだ金額と、株主の取り分である純利益の再投資分の累計）に対して、どれだけ当期純利益を稼げているか、ということになります。自己資本に対してどれだけの利益が生み出されたかを示す財務分析の指標です。

一般的にROEが高い企業は、株主にとって「自分が投資したお金を使って効率よく稼いでくれる会社」といえます。ROEが低い企業は、株主にとって「経営効率が悪い会社」といえます。投資家にとって、経営効率がよいかどうかを判断するうえでもっとも基本的な指標となります。

【事例】具体的な数字を入れて考えてみましょう。

A社は当期純利益　2億円　自己資本　10億円
A社のROE ＝ 2億円 ÷ 10億円 × 100 ＝ 20%

B社は当期純利益　2億円　自己資本　40億円
B社のROE ＝ 2億円 ÷ 40億円 × 100 ＝ 5%

A社（ROE20%）とB社（ROE5%）を比べると、A社の方がROEは高く、株主から集めたお金で効率よく利益を出しているといえます。A社側から見れば、これからもより多くのお金を投資してもらえる可能性が高いといえます。

PBRの説明でも触れましたが、ROEという投資家にとってのリターンが、投資家の期待するリターン（株主資本コスト）を継続的に上回るようになると、PBRが上昇する、つまり純資産の金額が一定であれば株価が上昇する傾向があります。

ROEの目安は一般的に10～20%であれば優良企業といわれています。投資という視点では、ROEが8%以上あれば投資する価値があると見る投資家が多いです。しかし、業種によっても水準が異なるのでこれはあくまで一つの目安になります。

166

▼業種別平均ROE (2024年8月末時点)

ROE 上位業種	
業種名	ROE
電気・ガス業	14.2
空運業	13.9
精密機器	13.2
卸売業	12.0
輸送用機器	11.5
その他製品	11.4
石油・石炭製品	11.2
保険業	11.1
ゴム製品	10.3
鉄鋼	10.1
水産・農林業	10.1
不動産業	9.6
海運業	9.6
電気機器	9.4
機械	9.4
その他金融業	9.3
食料品	9.1

ROE 下位業種	
業種名	ROE
繊維製品	3.4
金属製品	5.2
医薬品	5.2
パルプ・紙	5.4
サービス業	5.8
非鉄金属	5.8
銀行業	5.9
化学	6.6
倉庫運輸関連	6.7
証券商品先物	7.3
ガラス・土石製品	7.3
建設業	8.4
情報・通信業	8.4
鉱業	8.6
全銘柄	8.9
小売業	9.0
陸運業	9.0

出所：QUICKデータを集計

　また、ROEは当期純利益を基準に計算するので、大きなショックなどで業績が振れたりするとROEも変動しやすいです。そのため、足元のROEだけでなく長期間の推移や平均値を見るのも一つの方法です。少し発展的な話になりますが、借金で負債を膨らませるほど、経営にレバレッジ効果が働くため、ROEは高くなります。過剰な負債は経営の不安定化につながるので、自己資本を負債と純資産の合計（総資産）で割った**自己資本比率**と、ROEを見比べることも重要でしょう。

　QUICK Money Worldでは、個別企業について、ここで紹介したPERやPBRの最新の値や、ROEの過去の推移などのデータを提供しています。たとえば、日本最大の企業であるトヨタ自動車のページは以下となります。是非ご活用ください。

【QUICK Money World】

https://moneyworld.jp/stock/7203

また、ここでは投資指標の見方の入門編を説明してきましたが、少しレベルアップした業績の見方や企業分析の方法について、こちらのYouTubeでも解説しています。こちらもご覧ください。

【QUICK Money World【公式】YouTube】

　　　　　　　https://www.youtube.com/@QUICK_QMW

配当利回りの注意点は？

株式を持ち続けていたら配当金がもらえるんでしょ？ 今僕が持っている銘柄だと、どれくらいもらえるのかな？

配当金がお得な銘柄を知るための指標が配当利回りだよ。投資の基本となる指標のひとつといっても過言じゃないね

配当利回りとは？

配当利回りとは、購入した株価に対して一年間でどれだけの配当を受け取ることができるかの割合を示したものです。

配当利回り(%) ＝ 1株当たりの年間配当金額 ÷ 1株購入価格 × 100

　例えば、年間配当金が2400円の銘柄を株価6万円の時に購入すると、配当利回りは4%になります。

　一般的に、業績の良い企業は、年に1回から2回の配当を実施します。ただ、すべての銘柄が配当をするわけではありません。また、配当を実施している企業でも、毎年必ず配当があると約束されているわけでもありません。業績などによって配当は増えたり、減ったり、無配になったりと状況は変わります。なお、少数ですが、四半期ごとに年4回配当を支払う方針を掲げる上場企業もあります。

　高配当銘柄であるかの判断には、配当利回りに注目します。ただ、東証プライム全体の予想配当利回り（加重平均）は、2%（2024年8月時点、予想ベース）であり、この水準を上回っていれば平均以上であるとみることはできます。一般的に配当利回りが3〜4%以上の銘柄は、高配当銘柄と見る傾向があります。

計算式からわかるように、配当利回りは、分母が株価なので株価が下がると相対的に利回りが高くなる傾向があります。株価が下落した時に買えば、高い利回りで買えるということです。

　高配当銘柄は「高い配当金が得られる」だけでなく、「値動きが緩やかである」「株価が下落しても底値がある程度決まっている」と言われます。投資家にとっては安定的な収入が見込めることから、買いの目安をつけやすい上に、長期で保有される傾向があるためです。

　ただ、配当利回りが高いすべての銘柄にこういったメリットがあるわけではありません。メリットがある高配当株を探すには、ただ利回りの数字だけで銘柄選別するのではなく、企業の業績や配当状況など総合的に判断して銘柄を見極めることが必要になります。

注意すべき高利回りとは？

　高配当株の選び方には注意が必要です。単純に配当利回りの数字だけで判断するのではなく、企業の業績や将来性など総合的な判断が必要になります。

　というのも、配当は、企業の業績に応じて、前年度に比べて増える（**増配**）こともあれば、減ったり（**減配**）、ゼロになったり（**無配**）することもあるためです。配当利回りの高い銘柄は、当然ですが、利回りの高さ狙いの投資家の保有が多くなります。業績の悪化により高い配当金の維持が困難になったとき、利回り狙いの投資家の売りが膨らむ可能性があります。

　また、配当の権利が確定する日（第4章を参照）の前には、目先の配当狙いの買いが膨らむことがあります。こういった配当取りの短期投資家は、配当を受け取る権利が確定した日以降に売り抜ける動きをとるため、一時的に株価が下落することもあります。

　そのほかにも色々な注意点がありますが、ここで、注意した方が良いと思われる高配当利回り銘柄の特徴について3つ紹介します。

▼初心者が注意したい高配当銘柄の特徴

- ・配当性向が100％以上
- ・赤字が続いている
- ・配当額が突然大きく増えている

●配当性向が100%以上

配当性向が100%以上とは、当期純利益を超えた金額の配当を出していることになります。その年の利益以上の配当を出すということは、会社からお金が流出している状況であり、無理をして配当をしており、必ずしも良い状態とは言えません。1年だけなど短期間であれば、これまで蓄えた利益を使って配当をすることも可能かもしれませんが、長期間この状態を維持することは難しいです。つまり、翌年以降、減配となる可能性が高い銘柄と考えられます。

●赤字が続いている

赤字の企業でも過去に蓄えた利益などを使って配当を実施することが可能です。ただ、健全な配当は、企業が利益の一部から実施するものです。1年など短い期間であれば赤字でも配当は考えられますが、赤字が続くと、安定的に配当を継続することが難しくなります。なので、赤字が続いている銘柄は減配や無配になる可能性が高いです。

●配当額が突然増えている

株価が一定で、配当額が増えると配当利回りが上昇します。配当額が突然増えると利回りは上昇します。一見すると良いことのように感じますが、配当が増えた理由を確認することが大切です。安定的な業績拡大により配当が増えたなら良いですが、特別利益で利益が増え増配となると、その増えた配当は一時的なものである可能性があります。また**記念配**といって、創業何十周年記念などを理由に一時的に配当を増額する企業もあります。こういった一時的な要因による増配は、もとの水準に配当が戻る可能性もあり、減配となる可能性があります。

5

171

4 割安株はどうやって見つけるの？

PER、PBR、配当利回りがわかったから、これで完璧。PERとPBRは業種平均よりも低くて、さらに配当利回りが高いものを探せばいいんだね

基本的にはそうなんだけど、そう甘くはいかないのが株式投資なんだ。割安な銘柄が上昇するとは限らないし、割高だけど値上がり益が狙えるグロース株というものもあるんだ

PER、PBR、配当利回りで見た割安株とは？

　割安株とは、ある会社の利益成長力や資産価値などに対して現在の株価がその実力を十分に反映しておらず、投資家がその企業の価値を正しく評価すれば適正水準まで株価が上昇すると思われる株式（銘柄）のことです。**「バリュー株」**とも呼ばれています。

　割安株を見つける一つの方法に投資指標の活用があります。本書で説明してきた代表的な投資指標を改めて復習しておきましょう。

▼代表的な投資指標と計算式

PER（倍）	株価 ÷ 1株当たり利益（EPS）
PBR（倍）	株価 ÷ 1株当たり純資産（BPS）
配当利回り（％）	1株当たり配当金 ÷ 株価 × 100

　株価収益率（PER、単位：倍）は株価が企業の1株当たり利益に対し、何倍まで買われているかを示す指標です。気になる銘柄が割安かどうか判断する際は市場全体やその企業の属する業種の予想PERとの相対比較も重要なポイントになります。例えば、東証プライム全銘柄の平均予想PERが15倍であれば、東証プライム銘柄全体と相対比較する場合、証券会社などがWebサイトで提供しているスクリーニング

機能で「15倍」以下を割安と判断する検索条件の目安にするといいでしょう。同業種との相対比較をする場合は、同業種の平均PER以下で探すことになります。

株価純資産倍率（PBR、単位：倍）「株価÷1株当たり純資産」で計算します。会社の総資産から負債総額を差し引いた純資産は、企業が解散する際の株主への分配原資になるもので、現在の株価が企業の資産価値（解散価値）に対して割高か割安かを判断する目安として利用されます。株価と資産価値（解散価値）が同じとなる「1倍」以下が割安判断の1つの目安となります。

配当利回り（単位：％）は株価に対する年間配当金の割合を示す指標で、「1株当たり配当金÷株価×100」で計算します。ある企業が手掛けている事業分野が成熟・飽和状態にある場合、これ以上の休息な利益成長が望めません。その場合、投資家は株価の値上がり益よりも配当による利益還元を求めます。割安株投資では配当利回りを重視する投資家がいます。安定的な配当を実施する企業の場合、株価が下がれば配当利回りは上昇するため、割安度合いの判断材料の1つにもなります。一般的に3％以上がひとつの目安とされています。

バリュートラップとは？

バリュートラップとは、PERやPBRなどの投資指標が市場平均より低く割安と判断して投資したバリュー株が、いつまでも割安なまま放置される状況になることです。「割安のわな」とも呼ばれます。

割安株とされる銘柄は、割安に放置されている根本的な理由が存在している可能性があります。バリュートラップにはまらない為には、どうして株価は安いのか？を考える必要があります。将来の成長期待が乏しかったり、企業の業績自体が低迷していたりする場合は、一見、割安でも避けるべきです。

指標一つで割安かどうかを判断すべきでもありません。例えば、PBRが0.5倍と割安にみえる銘柄が、実は利益はほとんど出ておらず、PERでは50倍や100倍などと割高な株価水準だと示される場合があります。逆にPERが業種平均を大きく下回っていても、その企業を取り巻く事業環境が悪く数年間は業績が低迷するなどと市場で予測されていれば、PERは妥当と判断される水準で割安株というわけではないのかもしれません。

一方で、将来の成長期待や利益の安定性が市場に評価されていない、あるいは、現預金のような目減りしない資産額よりも時価総額が小さい、というように真価を市場に認識してもらえず、本当の意味で放置されている、真に割安と言える銘柄も存

在するかもしれません。ただし、株式市場は非常に合理的で、情報はすぐさま株価に織り込まれます。真に割安のまま放置されている銘柄は見つけにくいものです。

さて、バリュートラップから抜け出すには、「**カタリスト**」がありうるかを考えることが大切です。カタリスト（catalyst）とは英語で「触媒」の意味ですが、株式投資の文脈でカタリストとは、相場を大きく動かすきっかけとなるイベントや材料のことを指します。株価にとってポジティブなきっかけや材料をいくつか確認しましょう。

▼カタリストになるイベントや変化

- ・企業の変化
- ・企業の業績予想
- ・M&A・資本提携・業務提携など
- ・世の中の話題（テーマ株）
- ・政策や経済統計など

●企業の変化

株式相場において、企業が発表するニュースはとても重要です。新しい製品のリリースやサービスの開始はカタリストになる可能性があります。また経営面についても、経営の考え方などの方針転換が成長に繋がりカタリストとなるケースがあり得ます。割安に放置されていた理由である投資家の不安が払しょくされる、あるいは不安を上回るような期待が生まれるようなニュースには注目しましょう。

●企業の業績予想

個別株のニュースの中で業績に関するものは特に注目度が高くカタリストになりやすいです。株価は未来を織り込んで動く傾向があるため、実績の決算情報より、今後の見通しである業績予想に特に注意したいです。一般的に、通期決算の発表のタイミングで今期の業績予想を発表する企業が多く注目です。さらに期初に発表される業績予想だけでなく、期中の業績予想の上方修正などもカタリストになる可能性があります。

●M&A・資本提携・業務提携など

M&A（合併・買収）、資本提携、業務提携などもカタリストになり得ます。M&Aでは、複数の会社が一体になることで相乗効果が期待できたりします。資本提携や業

務提携でも、提携によるメリットが業績拡大期待につながるなど株価にとってポジティブなニュースになるケースが多いです。M&A、資本提携、業務提携の際の株式取得の手法の一つとしてTOB（株式公開買い付け）が発表されることもあり、TOBもカタリストになります。

●世の中の話題、政策、経済統計

　このほか、世の中の話題（テーマ株）や政策や経済統計もカタリストになり得ます。例えば「AI（人工知能）」の成長性が世間で話題となり、AI関連銘柄が買われるようになったとしましょう。バリュートラップにかかっていた企業がAI関連事業を手掛けていた場合、その事業が投資家に発見され、新しい成長期待から買われることがあるでしょう。2022年ごろまでは、銀行株もPBRで見たときに割安で放置されていました。銀行は金利が上昇すると、貸出金利と預金金利の差で儲けることができるようになります。日銀が金融政策を変更し、政策金利を上げるという観測が市場に出回ると、銀行株の割安さが修正される動きが出てきました。

グロース株とは？

　グロース株とは、業績や利益の成長率が高く今後も高い成長が見込まれる株のことです。投資指標であるPERやPBRは高い傾向があります。グロース株は、成長株とも呼ばれています。前のページで紹介したバリュー株とは、一般的に対極にある関係です。

　グロース株は、成長している企業なので業績が拡大していたり、革新的な技術やサービスを提供していたりする企業が多いです。IT（情報技術）やテクノロジー系の企業などが該当します。グロース株の特徴は、投資家からの期待が大きいこともあり、理論上の企業価値よりも株価が高く推移していることがあります。

　グロース株投資のメリットとデメリットを見てみましょう。

▼グロース株のメリット・デメリット

メリット	デメリット
・企業の急成長で、大きな値上がりが期待できる点	・投資指標が割高 ・配当金が期待しにくい

　グロース株に投資するメリットは、企業の急激な業績成長によって、株価の大きな値上がり益が期待できる点です。企業の成長速度が早ければ短期間での株価上昇も

175

期待できます。また、グロース株の成長が続いている状態であれば、長期的な視点での株価上昇を期待することも可能です。

　グロース株のデメリットは、投資指標では割高な株を購入するリスクと、高い配当利回りが期待できない点です。グロース株は期待が先行し株価が実際の企業価値よりも割高になる傾向があります。そのため、購入したグロース株が想定した成長を達成できない場合、株価が下落し含み損を抱えるリスクがあります。グロース株の値動きは大きい傾向があるので、株価の動きに振り回されずに冷静に判断する必要があります。

　グロース株は大きな配当金が期待できない点も注意しましょう。グロース株は、今後成長が見込まれる企業が多く、当期純利益は利益剰余金として企業に留保（内部留保）し、成長のために研究開発費などに活用する企業が多いです。そのため、純利益から分配される配当金は少ない、あるいはゼロという傾向があります。グロース株は、配当としてインカムゲインを狙うというよりは、売却による利益となるキャピタルゲインを狙う銘柄です。

　グロース株は一般的に金利上昇局面では下落する傾向があります（第3部8章も参照）。様々な理由があるとされますが、PERが高い株は株式益利回りが低いので、預金金利や債券金利が上昇すると、相対的に投資する魅力が薄れて、売られる傾向があります。益利回りとは、PERの逆数（1÷PER）で、その企業の1年間の1株当たり利益がその株価（投資額）の何％を稼ぐかがわかる投資指標です。

5 証券会社の投資判断って？

買いか売りかは証券会社が出している投資判断を見ればわかるってきいたよ。すごい重要な情報なんだって？

証券会社などに所属しているプロのアナリストが、投資判断や独自の業績予想をレポートにして、顧客に配っているんだ。確かに分析のプロの視点は株価に影響を与えるときもあるね。アナリストによって見解は異なるのでコンセンサスと呼ばれる平均値を見ることも重要だよ

証券会社の発表するレーティングとは？

株式レーティングとは、株価に対する評価を格付けしたものです。「投資評価」や「投資判断」と呼ばれることもあります。アルファベットや数字、記号などで段階的に評価を示すため、株式投資の判断材料としてはわかりやすく便利なものです。調査会社や証券会社、運用会社などが独自に調査・判断して、その結果をランク付けしています。分析方法や定義も評価をつける調査会社や証券会社、運用会社などによって異なります。複数社のレーティングを比較しながら、株式投資に活用するのがおすすめです。

▼主要証券会社のレーティングで用いられる表現

証券会社	段階	表現
岩井コスモ証券	5段階	A／B+／B／B-／C
SMBC日興証券	3段階	1（アウトパフォーム）／2（中立）／3（アンダーパフォーム）
SBI証券	3段階	買い／中立／売り
大和証券	5段階	1（買い）／2（アウトパフォーム）／3（中立）／4（アンダーパフォーム）／5（売り）
野村証券	3段階	1・Buy／2・Neutral／3・Reduce
みずほ証券	3段階	買い／中立／アンダーパフォーム
三菱UFJモルガン・スタンレー証券	3段階	Overweight (OW)／Neutral (N)／Underweight (UW)

177

注意点は、あくまで「予想」なので、外れることもありますし、外れたことによる損失は投資家の自己責任となります。鵜呑みにはせず、最終的な投資実行には自身で理解を深めて判断することが必要です。

　レーティングの分析には大きく2つの要素を含みます。ひとつは「事業リスク」、もうひとつは「財務リスク」です。

　事業リスクとは、事業を運営するうえで起こりうるリスクのことを指します。企業の稼ぐ力や、その稼ぐ力を生み出す資産の価値がどのように変化するかを確認します。グローバルの競合の動き、製品のトレンドなど、事業リスクをゼロにすることはできません。事業リスクについての分析や判断基準は、分析するアナリストによってかなり差がでる部分です。株式レーティングを活用する際には、1人（1社）だけではなく多くの分析を確認した方がよいとおすすめする理由のひとつです。

　財務リスクは企業の財務に潜むリスクです。財務リスクの中でみるべきものの一つは、借りたお金を返済する能力があるかどうかと、万一大きな損失を被った場合に倒産する可能性はあるのかといった点です。これらは、自己資本比率を見るとわかりやすいです。財務リスク分析のもとになる財務諸表は共通ですが、アナリストの見方により異なる見解が出ることもしばしば。企業が開示している財務諸表はご自身で確認することもできます。多くのアナリストの意見を参考に、株式投資にぜひ役立ててみてください。

●業績予想、目標株価、投資判断

　アナリストは、事業リスクと財務リスクの分析をもとに将来の業績予想と理論株価（目標株価）をはじき出し、現在の株価と比べて割安か割高か、株価の上昇余地があるかどうかを予想します。この予想に基づき、レーティング（投資判断）を付与し、アナリストの所属する機関の顧客投資家に向けて発信します。

レーティングを見るときの注意点

　レーティング情報の活用には注意したい点があります。レーティングは、株価を動かす力がある時も、そうでない時もあるため、そのあたりの見極めは大切になります。

　レーティングは、評価をつけた証券会社や運用会社などによる見通しです。レーティングが発表されても評価対象の企業そのものの業績に影響は出ません。ですが、レーティング情報をきっかけに株価が動くことはあります。

　しかし、あくまで予想ですから、当たるとも言い切れません。レーティングで「買い」や「強気」と評価されたからといって必ずしも株価が上がるわけでもありません。レーティングが公表されるよりも前に、株価に投資家の見通しが織り込まれていることも少なくないからです。

　経済指標の発表など関心の高いものほど事前予想も盛り上がり、それを先んじて投資行動につなげようとする動きは出やすいものです。投資家が予想を固めるほどに、想定しうる事柄への反応は鈍くなりがちです。

　また、レーティング情報は随時変わるということも意識しておきましょう。評価の前提としている情勢が変われば、レーティングの評価は変わります。有名なアナリストがレーティングを変えると、大きく株価が動く可能性もありますので意識することが大切です。

　新たにレーティングを付与される銘柄も注目してみましょう。証券会社や運用会社は上場銘柄のすべてにレーティングを付けているわけではありませんが、対象とする銘柄（カバレッジ）を増やすことがあります。増える銘柄を「新規カバレッジ」と呼び、発表時には多くの投資家が注目します。

　新たにカバレッジをするということは、証券会社や運用会社が時間や人的なコストを割いてその企業の業績や将来の見通しを分析し、注目企業のひとつに加えるということです。個人投資家も注目するきっかけになりますし、複数の新規カバレッジが発表されれば、その分、株価が大きく動く材料にもなります。新規カバレッジの発表そのものが材料視されることもありますので、関心をもっておきましょう。もし、口座を開設している証券会社からレポートを入手できる場合は、新規カバレッジのレポートを読むことで、その企業を分析する上での基本的な知識を得ることができるでしょう。

5

179

コンセンサスとは？

コンセンサスは「合意」といった意味の英単語ですが、株式市場では、アナリストの業績予想の平均値をコンセンサスと呼びます。

QUICKでは、業績予想や適正株価など各社のアナリストの見解をまとめて「**QUICKコンセンサス**」として提供しています。複数社の資料をいろいろ見比べる手間を省くことができる便利なサービスです。

QUICKコンセンサスでは、各証券会社などのアナリストがつけた各銘柄の株価に対する投資判断を、QUICKの基準で「＋2（最も強気）」「＋1」「0」「－1」「－2（最も弱気）」の5段階の整数に置き換えて平均値を算出します。これを**QUICKレーティング**と呼んでいます。

▼調査会社のレーティングとQUICKコンセンサスへの換算イメージ

●A社の場合

調査会社	レーティング	目標株価	QUICK換算値	QUICKレーティング
M社	Overweight	6900円に下方修正	+2（最も強気）	
N社	Buy	7000円に上方修正	+2（最も強気）	
T社	Outperform	7160円に据え置き	+2（最も強気）	+2.00（5社平均）☆☆☆☆☆
J社	Overweight	7000円に据え置き	+2（最も強気）	
C社	Outperform	7400円に据え置き	+2（最も強気）	

●B社の場合

調査会社	レーティング	目標株価	QUICK換算値	QUICKレーティング
S社	2	670円に据え置き	0	
M社	買い	800円に据え置き	+2（最も強気）	+1.00（3社平均）☆☆☆☆
D社	2	800円に据え置き	1	

上記の例のように、証券会社や調査機関によってレーティングの表現は異なります。これをひとつの指標にまとめなおしたものがQUICKレーティングになります。QUICKレーティングは☆の数で5段階評価としています。☆の数とそれぞれの換算値で示す投資判断の強弱感の条件は以下のようになっています。

▼QUICKレーティングの概要

☆	−2.00 ≦ 株価レーティング < −1.20
☆☆	−1.20 ≦ 株価レーティング < −0.40
☆☆☆	−0.40 ≦ 株価レーティング < ＋0.40
☆☆☆☆	＋0.40 ≦ 株価レーティング < ＋1.20
☆☆☆☆☆	＋1.20 ≦ 株価レーティング ≦ ＋2.00

　QUICKコンセンサスは、QUICKが随時集計しQr1などQUICKの情報端末を通じて機関投資家向けに配信しているものです。もちろん、アナリストなども着目している指標です。個人投資家の皆さんも、株式レーティングを投資に活用される際には、ぜひQUICKコンセンサスの情報をチェックしてみてください。

　「QUICKコンセンサス」と「QUICKレーティング」についてはQUICK Money World上の個別銘柄の画面で確認することができます。またQUICK Money Worldでは、QUICKコンセンサスから銘柄を検索することもできます（有料会員限定）。以下のQRコードから利用できますので、ぜひご活用ください。

【QUICK Money World】

https://moneyworld.jp/tools/search_by_consensus

第2部 株式投資を知る

第6章 チャート分析入門

ローソク足はどう見るの？

企業業績ではなく株価チャートを見て株価を分析する手法もあると聞いたよ

テクニカル分析というものだね。色々と独特な用語が多くて最初は取っつきにくいと思うけれど、なれてくるとベテラン投資家の目線がわかって面白いんだ

ローソク足の基礎

ローソク足とは、株価などの値動きを表したチャートです。相場の流れや売買のタイミングを一目で把握でき、**テクニカル分析**をする上で役立ちます。

チャートとは一定のルールのもとで株価の動きなどを描画したものです。一般的なチャート描画では、時間の区切りを自分で選ぶことができます。一番よく使われる形が**日足（ひあし）**で1日単位の取引を繋げてチャート化したものです。もう少し長い時間区切りでは、1週間区切りとした**週足（しゅうあし）**、1カ月の区切りにした**月足（つきあし）**、年単位の**年足（ねんあし）**があります。もっと短い時間区切りでは、分単位の1分足、5分足、30分足や、時間単位の1時間足、3時間足など色々なパターンがあります。

ローソク足チャートは、名前の通りローソクの様な形を繋げて描画します。日足では、1日の株価の値動きである4本値（始値、終値、高値、安値）をローソクの形で表現します。ローソク足は、この4本値を四角いローソクの様な箱と上下に伸びた線で表します。箱を「実体」と呼び、箱の上下を始値、終値で取り、四角く囲います。箱の上に伸びた線は「**上ヒゲ**」で高値を表し、箱の下に伸びた線は「**下ヒゲ**」で安値を表します。

▼ローソク足の見方

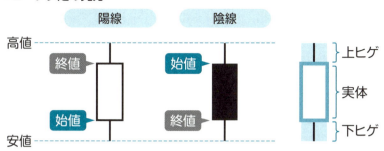

　ローソク足の色を見ればその日の相場の動きがわかる仕組みになっています。始値と終値で囲まれたローソクの様な箱の実体は、「陽線」と「陰線」の2パターンで描画されます。陽線は、始値より終値の方が高い状態で、一般的には白か赤で描画されることが多いです。つまり陽線は、実体の底は始値、上は終値で、買いの力が強く株価は始値より上昇して終わったことを意味しています。

　逆に陰線は、始値より終値の方が低い状態で、一般的には黒で描画されます。陰線は実体の上が始値、下が終値で、売りの方が強く株価は始値より下落して終わったことを意味しています。

　日足のチャートで、白いローソクが続いていれば買いの力が強いことがわかりますし、逆に黒いローソクが続いていれば、相場が弱いことがわかります。白いローソク足が長ければ、それだけ始値よりも大きく上昇して取引を終えたことを意味します。白いローソクが長ければ長いほど株価が大きく上昇し相場が強いことを意味し、逆に黒ローソクが長ければ長いほど、下げがきつかったことになります。一般的には日頃の値幅の5倍以上の状態を、「大陽線」、「大陰線」と呼んでいます。

ローソク足の種類

　ローソク足の種類は9パターンあります。ローソク足は「**陽線**」と「**陰線**」の2つにわかれます。そこから実体の長さや、高値の線である上ヒゲ、安値の線の下ヒゲの状況によって4つのパターンがあります。それと陰線でも陽線でもないローソク足の実体がない形です。

　まずは陽線のパターンを紹介します。

● **大陽線（だいようせん）**

始値と終値が大きく離れている状態です。株価が大きく上昇して取引を終えています。白い実体が長くなるローソク足です。一般的には日頃の値幅の5倍以上の長さになると大陽線です。これは買いの勢いが強いことを意味します。

● **小陽線（しょうようせん）**

始値より終値が上昇している状態です。値動きが小幅な陽線です。株価は、毎日大きく動くわけではないので、株価上昇時に多く見られるローソク足のタイプです。特に1分足や5分足など足が短いローソク足では、小陽線が多くなります。やや買いが強い状況を意味しています。

▼陽線パターンのローソク足チャート例

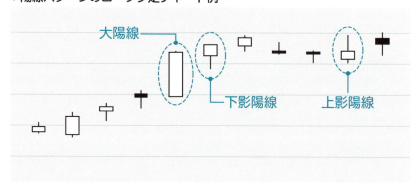

● **下影陽線（したかげようせん）**

下ヒゲ（安値）の長い陽線です。取引時間中に始値より売られる場面があり、安値は始値より大きく下げたことになります。ただ、終値に向けて買いの力が強くなり終値は、始値より高くなった取引です。下降から上昇に転じており、安値圏では、上昇への転換の可能性があるローソク足です。

● **上影陽線（うわかげようせん）**

上ヒゲ（高値）の長い陽線です。取引時間中に株価は上昇したものの、最終的には高値より売られる形で取引を終えた形です。ある程度の買いの力はあったものの、売り方の抵抗も強かったと読めます。高値圏での上影陽線は、売り方の抵抗もあったので今後下落する可能性とも読み取れ、安値圏での上影陽線は、売りの力もあったが最終的には買いの力が買ったとの見方から上昇の可能性とも読めるローソク足です。

次に陰線パターンを紹介します。

●大陰線（だいいんせん）

始値と終値が大きく離れている状態です。株価が大きく下落して取引を終えています。黒い実体が長くなるローソク足です。一般的には日頃の値幅の5倍以上の長さになると大陰線です。これは売りの勢いが続くことを意味します。

●小陰線（しょういんせん）

始値より終値が下落している状態です。値動きが小幅な陰線です。株価は、毎日大きく動くわけではないので、株価下落時に多く見られるローソク足のタイプです。特に1分足や5分足など足が短いローソク足では、小陰線が多くなります。やや売りが強い状況を意味しています。

▼陰線パターンのローソク足チャート例

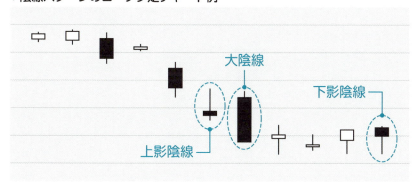

●下影陰線（したかげいんせん）

下ヒゲ（安値）の長い陰線です。取引時間中に始値より売られる場面があり、安値は始値より大きく下げたことになります。ただ、終値に向けて買い戻され、終値は始値よりは低いが安値よりは高くなった取引です。買い戻されたものの、最終的には売りの方が強く始値より下落したということで、高値圏での下影陰線は、下落への転換の可能性が読めます。一方、最終的には売りの方が強かったが、安値からある程度の買いがあったとの見方から安値圏での下陰陰線は、上昇へ転じる可能性も読めます。

●上影陰線（うわかげいんせん）

上ヒゲ（高値）の長い陰線です。取引時間中に株価は上昇したものの、最終的には

始値より売られる形で取引を終えた形です。ある程度の買いの力はあったものの、最終的には売りの力が強かったと読めます。高値圏での上影陰線は、売りの力が強く今後下落する可能性があると読み取れます。

最後に、陰線でも陽線でもないパターンを紹介します。

●十字線（じゅうじせん）

　始値と終値が同じ価格で、ローソク足の実体がない形です。売りと買いの力が拮抗している状態です。高値圏での十字線は、今までの買いの力を売りの力が止めたことになり買いの力が弱まり下落に転じる可能性が読み取れます。一方、安値圏では、売りの力を買いの力が止めたとの見方から上昇への転換とも読めます。

　ローソク足の特徴は、見ただけで相場の状況を把握できる点です。株価の上下だけでなく、相場の強さもある程度把握することができます。多くの情報をパッと見てインプットすることができます。

　ローソク足を見て一目で相場を把握するためには、ローソク足を作るルールやパターンを覚えておく必要があります。一本調子で相場が上昇していたり、下落している場合は簡単ですが、陽線、陰線が入り混じった状況だったりすると慣れないうちは、人によって「情報量が多すぎる」と感じる場合があるかもしれません。特に初心者の場合は、時に情報量の多さから、誤った解釈をしてしまう可能性もあるので慎重に分析することが大切です。

　QUICK Money Worldでは、この後に説明する移動平均線やボリンジャーバンドなど、様々な種類の株価チャートを掲載していますので、是非ご覧ください。

【QUICK Money World】

https://moneyworld.jp/stock/7203/chart

2 移動平均線はどう見るの？

株価チャートを開いたら、株価の線が何本もあるんだけど…

そのうちの何本かはたぶん移動平均線だね。ある一定期間の平均値をチャートにしたもので、プロも含めて売買の目安にする人は多いんだ

移動平均線はどう計算している？

移動平均線とは、ある期間の価格から平均値を計算し、それを折れ線グラフ（チャート）にしたものです。毎日、その日を含めた過去数日間や数週間などの一定期間の価格を計算していくため、平均値が少しずつ移動していきます。

移動平均線はテクニカルチャートといわれるものの一つで、相場のトレンドや価格の方向性を見る際の参考となります。凸凹の出やすい日々の値動きを平均値としてならして眺めることで視覚的にも流れを把握しやすくなるでしょう。ただし、過去の数値を元に算出するため、実際の価格変動に対してはやや遅行する指標であることは知っておきましょう。

移動平均線の算出手順としては、①見たい移動平均の期間を決める、②求めたい期間のもっとも古い値から直近の値までの平均値を求める、③算出された値をグラフにして線で結ぶ──です。

移動平均線の見方においてまず重要になるのは、向き（方向性）と角度（勢い）です。上を向いていれば株価が上昇基調にあり、下を向いていれば下降基調にあることを示します。どちらともいえない場合は、いわゆる「もみ合い」と言われる局面です。合わせて移動平均線の角度が急であればあるほど、勢いがあり、流れも続きやすくなるとされています。

さらに、現在の価格が移動平均線に比べて上か下か、という点も確かめましょう。

上側にあれば過去の平均値よりも高く、買いの勢いが強まっていると読み取れます。下側にあるようなら、相場の雰囲気としては弱気に傾き、売りが膨らんでいる状況です。

　また、移動平均線が株価の推移に対してどのような役目を果たしているのかも気にしておくと役に立ちます。株価が下がってきたときに下値を支える「下値支持線」や、価格が上がってきたときに押し戻してくる「上値抵抗線」として見られることがあります。下値を支えて株価が反発を見せるようであれば買いのサイン、上値を抑えて株価が伸び悩むときには売りのサインなどと捉えることもあるからです。

▼**上値抵抗線と下値支持線**

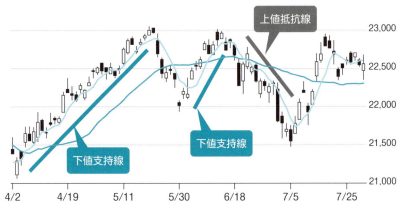

※2018年4月～7月末までの日経平均株価の推移
出所：QUICKデータを集計

グランビルの法則とは？

　1本の移動平均線と株価の乖離（かいり）などから株価の先行きをみる「**グランビルの法則**」という投資理論があります。移動平均線が長期間下落したあと、株価が上昇に転じて移動平均線を下から上に突き抜けたときは買いの目安など、売り買いそれぞれ4通りずつ、合わせて8つの法則で構成されています。

▼グランビルの法則

買いの目安

❶移動平均線が上向き（あるいは下降した後に横ばい）になりながら、株価が下から上に抜けた場合

❷移動平均線が上昇傾向にあるときに、株価が移動平均線を下抜けた場合

❸株価が移動平均線より大きく上振れた後、移動平均線に近づいたものの再び上昇した場合

❹株価が移動平均線の下側に大きく乖離した場合

売りの目安

❺移動平均線が下向き（あるいは上昇した後に横ばい）になりながら、株価が上から下に抜けた場合

❻移動平均線が下降傾向にあるときに、株価が移動平均線を上抜けたとき

❼株価が移動平均線より大きく下振れた後、移動平均線に近づいたものの再び下落した場合

❽株価が移動平均線の上側に大きく乖離した場合

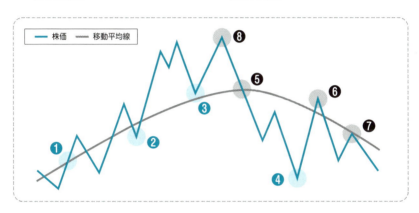

また、移動平均線を複数組み合わせた分析手法もあります。移動平均線は計算する期間が長いほど緩やかなカーブを描き、直近の価格変動の影響を受けにくくなります。そこで、2～3本の期間の異なる移動平均線を組み合わせて、売り買いの目安を判別する方法もあります。

テクニカル分析をする際には株式市場では、短期・長期として1週間程度（5日）と1カ月程度（25日）を組み合わせたり、短期・中期・長期として5日と25日、75日や100日などを組み合わせたりする例がみられます。分析したい期間に合わせて様々な組み合わせが可能です。

ゴールデンクロスとは？

株価の動きを示すチャートは、株式売買のタイミングを把握するのに役立ちます。長短2本の移動平均線が示す売買サインに「**ゴールデンクロス**」があります。

ゴールデンクロスとは、相場が上昇局面に入った「買い」のサインとして利用されるチャートの状態のことです。ゴールデンクロスの状態は、5日（日足チャート）や13週（週足チャート）など短期の移動平均線が、25日や26週など中長期の移動平均線を下から上へ突き抜けて、短期の移動平均線が中長期の移動平均線より上にある状態のことを指します。短期と中長期の移動平均線の向きがともに「横ばい」、「上向き」の状態であればゴールデンクロスとなります。

▼ゴールデンクロスのイメージ

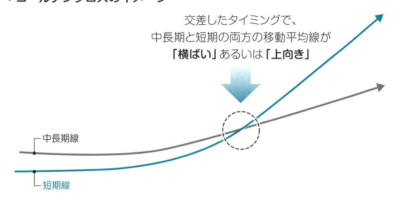

反対に、相場が下落傾向にあり売りのサインとして「**デッドクロス**」があります。デッドクロスの状態は、短期の移動平均線が長期の移動平均線を上から下に抜ける形になります。この場合、ゴールデンクロスとは逆で、移動平均線の向きがともに「横ばい」、「下向き」の状態であればデッドクロスとなります。

ゴールデンクロスやデッドクロスを確認することは、買いと売りのタイミングを判断するヒントになります。

ゴールデンクロスは、珍しいものではありません。株式相場が上昇することで「ゴールデンクロス」が確認できる銘柄は増えます。

また、参照する移動平均線の種類によっても、確認できるタイミングが異なります。日足チャートで一般的な5日と25日の移動平均線を見るのと、週足チャートで一般的な13週と26週の移動平均線を見るのとでは、ゴールデンクロスの出現タイミングが異なることがあります。

ゴールデンクロスを参考にする際は、注意も必要です。ゴールデンクロスは買い
のサインと言われていますが、ゴールデンクロスが出たからといって必ずしも相場
が上昇トレンドに入ったとは言えません。なぜなら時に実際は売買のタイミングで
はない「ダマシ」のゴールデンクロスが出ることもあるからです。ゴールデンクロス
の線の突き抜け方には種類があり、突き抜け方によって今後の株価の動きを予測す
ることができます。

6

3 ボリンジャーバンドとは？

移動平均線のようなテクニカル分析手法はほかにもないの？

たくさんあって、全部説明するにはとてもとても時間がかかるんだ。ここではもう一つ、ボリンジャーバンドを紹介しておくよ

どう計算している？

ボリンジャーバンドは、株の値動きの変動を確認できる指標です。株価のトレンドの変化や反転の目安などを見極める時に役立ちます。テクニカルチャートの一つで、米国の投資家、ジョン・ボリンジャーが考案しました。

ネット証券などの個別銘柄のテクニカルチャート画面で、ボリンジャーバンドの項目を追加すると描画され確認できます。あるネット証券のテクニカルチャートでは、中心に「移動平均線」とその上下3本ずつの「標準偏差」からなる線の計7本の線で描画されています。「移動平均線」と上下2本の「標準偏差」の計5本の場合もあり、チャートによって若干本数は異なります。

▼日経平均株価の移動平均とボリンジャーバンドのチャート

出所：QUICKデータに基づき作成

ボリンジャーバンドは、「移動平均線」と「標準偏差」の線からできています。ボリンジャーバンドでは、一般的には20日〜25日移動平均線が使われていることが多いです。

　「**標準偏差**」とは、統計学などで使われ、データのばらつき具合を表す値です。「シグマ（σ）」で表示されます。統計学上、平均から約68.3%のデータが入る距離を「±1σ」、約95.5%のデータが入る距離を「±2σ」、約99.7%のデータが入る距離を「±3σ」としています。株価で考えた場合は、ボラティリティ、つまり株価の変動率を示します。

　ボリンジャーバンドでの「標準偏差」は、値動きにどれくらいのばらつきがあるか、つまり価格変動が大きいか小さいかということです。チャートで描画する時は、移動平均線を中心にみて、一定期間の約68.3%の終値が入るラインを「±1σ」、終値の約95.5%が入るラインを「±2σ」、終値の約99.7%が入るラインを「±3σ」と描画します。株価の変動が小さい時はボリンジャーバンドの幅は狭くなり、株価の変動が大きい時はボリンジャーバンドの幅は広がります。

ボリンジャーバンドの使い方

　株式売買には、「逆張り」と「順張り」があります。「逆張り」とは株価が下落時に株を買い、上昇時に売ることです。「順張り」とは株価が上昇時に株を買い、下落時に売ることです。この「逆張り」や「順張り」の指標としてボリンジャーバンドを活用します。

　相場がボックス圏内で推移している時、ボリンジャーバンドを「逆張り」指標として使います。標準偏差の「±2σ」ラインは、統計学上、株価の約95.5%が入るラインです。標準偏差の「±3σ」ラインになると約99.7%とほとんどがその幅に入ります。価格はほとんど「±3σ」ラインの幅で推移すると考えられます。「+3σ」ラインを上限線、−3σラインを下限線ととらえます。株価が「−1σ」から「−3σ」近辺へ下落で株を買い、「+1σ」から「+3σ」近辺で売却することで利益を狙います。下落している株価が上昇するタイミングを予測し購入する必要があります。

　一方、「順張り」の指標としてボリンジャーバンドを活用することもできます。統計学上、約95.5%と大半の価格が入ってくる「±2σ」ラインより外に株価がくる確率は、約5%と珍しいことと言えます。なので、株価が「±2σ」や「±3σ」を超えるのは、強い変化であるとみなし、そのトレンドの方向に「順張り」します。例えば、株価が「+2σ」を超えてきた時は、上昇トレンドに併せて株を購入し、高値売却し利

益を狙います。

　以下の日経平均先物の図を見ると、平時は2σラインの中に納まっていますが、2020年前半のコロナショックや、20年後半の株価の急騰時は、一時的に3σのラインにタッチし、大きなトレンドとなっていることがわかります。

▼日経平均先物とボリンジャーバンド

出所：QUICKデータに基づき作成

　ボリンジャーバンドは、3つの形があります。「スクイーズ」は、ボックス圏相場にある時に起こります。株価のもみ合いが続き、移動平均線が並行になります。株価の変動が小さくボリンジャーバンドが狭まってきている状況を指します。「エクスパンション」はボリンジャーバンドが広がっており大きな値動きが起こっている状況です。株価が大きく動くことが予測されます。「スクイーズ」からバンド幅が広がっていくことは、新しいトレンドに入っていることを示しています。「バンドウォーク」とは、「±2σ」や「±3σ」のいずれかのラインに沿って株価が動いている状況です。トレンドが一方向に偏っているためトレンド発生の目印になります。

4 騰落レシオとは？

うわあ、大暴落だ！いつ下げ止まるんだろう…

買われすぎ、売られすぎを判断する一つの指標に、騰落レシオというものがあるので、それも紹介しておくよ

どう計算している？

騰落レシオは、株価の上昇、下落のタイミングなど変化の兆候を見つけるためのテクニカル指標です。一定の水準に達したら、相場の「買われすぎ」、「売られすぎ」を示しているとされ、市場の過熱感を見ることができます。市場全体の過熱感を見るため、東証プライム全銘柄の騰落レシオが一般的に使われます。

騰落レシオの計算式は以下になります。

騰落レシオの計算式

騰落レシオ(%) ＝ 値上がり銘柄数 ÷ 値下がり銘柄数 × 100

騰落レシオは、値上がり銘柄数を値下がり銘柄数で割って計算します。単位は％で表します。25日間の値上がり銘柄数を25日間の値下がり銘柄数で割った25日騰落レシオが一般的です。25日騰落レシオは中期的な相場の過熱感を見る時に使います。

値上がりした銘柄数と値下がりした銘柄数が同じ数の場合、騰落レシオは100％となります。100％よりも大きければ、値上がりした銘柄数の方が多く、100％より

小さければ、値下がりした銘柄数の方が多いということです。一般的には、騰落レシオは、日数を変えることで、短期から長期まで様々な期間の相場の過熱感を探ることができます。中期の相場の過熱感を見るには25日騰落レシオが役立ちます。他には短期的な市場の過熱感をみるのに5日騰落レシオ、中長期的な50日騰落レシオなどがあります。

　ネット証券などのテクニカルチャート画面で騰落レシオを追加するとサブチャートとして騰落レシオのチャートが描画されます。その際、期間を自分で設定することができます。2つの期間設定ができる場合は、一つは5日騰落レシオなど短期、もう一つを25日騰落レシオで中期に設定するなど期間を変えて比べることができます。一定期間で騰落レシオを見ることで、転換点は近いのかなど判断しやすくなるので、騰落レシオを活用してみましょう。

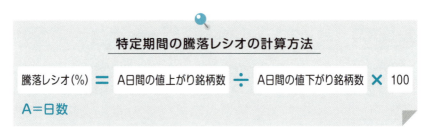

騰落レシオの使い方

　騰落レシオは「買われすぎ」「売られすぎ」などから、相場の転換点を探る時に役立ちます。一般的に、120%を超えたら、「買われすぎ」と判断し、相場の転換点が近いとする見方があります。ただ、ここで注意も必要です。騰落レシオが120%を超えたからといって必ずしもそこが株価の天井とは限らず、騰落レシオ120%以上が続く場合もあります。

　過去の事例をみても、騰落レシオが120%を超える局面では、騰落レシオとチャートの動きが一致しないケースがしばしば見られます。これは短期的には買われすぎと見るものの、相場が中長期的に見ると上昇トレンドの入り口になるケースがあるからです。

　次の東証プライム市場の株価指数と25日騰落レシオのチャートを見てみましょう。2022年7月頃に騰落レシオ25日は120%を超え、しばらく高水準で推移しています。同時期の東証プライムを見ると上昇し続けています。このように騰落レシオ

の上昇は買いが広がっている状態なので、更に買いが広がることも予測できるため注意が必要です。いつ下落に転じるかタイミングを見極めて売買する必要があります。

▼東証プライム市場の株価指数と騰落レシオの推移

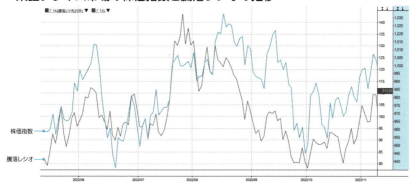

出所：QUICKデータに基づき作成

　25日騰落レシオだけでなく、50日や13週、26週など足が異なる騰落レシオも合わせて見てみるのも良いでしょう。騰落レシオ50日が100％を超えて推移してくると相場が上昇局面に入るケースが多いと言われています。

　一方、騰落レシオが70％を下回る場合、相場の下げ止まりと捉えていることが多いです。チャートを見ても騰落レシオが70％を下回ると相場が反転していることがわかります。また、騰落レシオと株価の底値は一致することが多いと言われていますが、それもチャートから確認できます。一般的に騰落レシオ70％が「売られすぎ」と言われる水準ですが、2020年3月の新型コロナショックのように相場が大きく急落した時は騰落レシオが40％まで下がる場面があったので、そういった場合は注意が必要です。

5 押し目買い？　戻り売り？

投資のラジオを聞いてたら、オシメって聞こえてきたんだけど

押し目のことだね。下がっている相場で、そろそろ買ってもいいかな…というタイミングを指す言葉だよ。ここまで紹介してきたテクニカル指標を参考に判断する人が多いけど、注意も必要なんだ

押し目買い？　戻り売り？

「**押し目買い**」（おしめがい）」や「**戻り売り**（もどりうり）」とは、チャートの流れに沿ってする売買のことです。相場用語で株価が下落することを「押す」と言います。「押し目買い」は株価が下落した「押し目」で「買い」を入れるのでそう呼ばれています。

ただ、「押し目買い」は、ただの株価下落を受けた買いではありません。押し目買いのポイントは、株価が上昇している局面で、一時的に株価が下落した時に買うことです。一般的に株価が一方的に上昇し続けることはありません。一時的に利益確定売りなどが出て相場が「押す」タイミングがあり、そこで買うことが「押し目買い」です。

相場が上昇トレンドにあると判断でき、一時的に下落したそのタイミングで買いを入れると「押し目買い」になります。ただ、もし、再び相場が上昇するのかわからず、押し目買いのタイミングかどうか判断できない場合は、無理に買いを入れずに様子を見ることも大切になります。押し目買いは、相場上昇の中、少しでも安い価格で買いを入れることで、その後も上昇する相場で利益を狙うことができます。

▼押し目買いポイントの例

次に「戻り売り」について説明します。「戻り売り」は、下げ相場の時に、一時的に高くなったのを見計らって売ることを指しています。戻り売りは、下降トレンドであることが前提で、押し目買いとは逆になります。

相場が下げ続ける中、わずかな株価反転のタイミングで少しでも高く売ろうと売るのが「戻り売り」になります。相場の表現で「やれやれの売り」や「戻り待ちの売り」などがありますが、これも「戻り売り」と同じ意味になります。

株式相場には色々な手法で取引をしている人がいます。例えば、悪い材料が出て株価が下がり続けている時、信用取引で売りから入っている人はそろそろ利益を確定させようと買い戻しをすることがあります。その買いが他の買いを誘い、一時的に株価が上昇することがあります。

この先も相場下落が続くと思う投資家が、この一時的な株価上昇を利用して売ることが「戻り売り」です。下降トレンドの中で少しでも高く売ろうとする売買になります。

目安としてのチャート分析

押し目買いと戻り売りの見極め方を2つ紹介します。

チャートにトレンドラインを引いて押し目買い・戻り売りを判断することができます。トレンドラインとは相場の方向性を分析する際にチャートに引く線のことです。簡単に説明すると、下値支持線（サポートライン）と上値抵抗線（レジスタンスライン）の2本があります。それぞれ高値になっている点、安値になっている点同士を線で結ぶとトレンドラインが引けます。3点以上の点を結ぶと信頼度が増すと言われています。

▼下落局面のトレンドライン

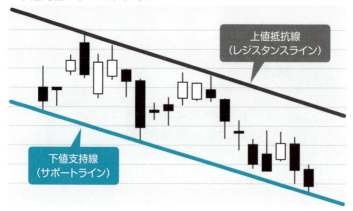

　押し目買いでは、現在の価格が右肩上がりのサポートラインの延長線よりも上にあることが前提で、ラインまで落ちてきたら買いを入れます。トレンドラインを下に抜けたら上昇トレンド終了の可能性が高いので、損切りするという判断もできます。
　一方、戻り売りはその反対の考え方になります。現在の価格が右肩下がりのレジスタンスラインの延長線よりも下にある前提で、レジスタンスラインに近づいてきたら売りを出すのが、戻り売りの一つのポイントになります。もちろん相場が一時的に戻り高値を付けた直後の下げ始めたタイミングの戻り売りもありますが、この段階では、相場の下落トレンドが続くかどうかは不透明です。直近で戻り高値を付けており、相場トレンドが変わるタイミングである可能性はゼロではありません。場合によっては判断が早すぎたとなるケースもあり得ます。

　もう一つが移動平均線を使った見極めです。上昇トレンドであれば移動平均線も同じ様に上昇し株価は移動平均線の上の位置にあります。一時的な利益確定などの売りで株価が下落してもこの移動平均線を割り込むことは少なく、再び上昇する可能性が高いです。なので、上昇トレンドで一時的に株価が下落していると判断した時は、移動平均線に近づいたら押し目買いをするのは一つの手です。
　例えば、日足のチャートであれば25日移動平均線を参考に、週足のチャートであれば13週移動平均線を目安に押し目買いをすることが多いです。
　押し目買いや戻り売りはチャートの流れに沿った売買ではありますが、そのタイミングはチャートだけでなく他の情報も加味して判断することが大切です。株価は

様々な要因で動きます。世界情勢や経済環境、個別銘柄のニュース、為替や金利動向など総合的な情報を元に今のトレンドが続くのかどうか判断することもとても大切です。

注意点

押し目買いや戻り売りは、チャートの流れに沿って行う売買です。押し目買いは上昇トレンドの中で一時的な下げを利用する買いのことです。一方、戻り売りは、下落相場の中の一時的な上げを利用した売りのことです。どちらも相場のトレンドを見極めて活用することが重要になります。

押し目買いでは、高値つかみにならない様に注意しなければなりません。相場を見誤ると、押し目買いのつもりが高値つかみになってしまいます。高値つかみとは、相場の高いタイミングで買ったあとに値下がりして損を出すことです。

押し目買いは相場が上昇傾向にあることが前提です。株価が下落し、万が一相場がそのまま下落傾向に反転してしまうと、結果としてその買いは高値つかみになってしまいます。押し目買いのタイミングをよく理解しないと高値つかみによる含み損を抱えることになりますので注意しましょう。

相場はいろいろな思惑で動きます。トレンドラインや移動平均線など様々なチャートで分析をしても、突発的に大きなニュースなどで予測とは違う動きをすることもあり得ます。

ある程度こうなりそうだという自分の投資判断を持って売買をすることは大切ですが、予想外の展開になった場合には損失を拡大させないようにあらかじめ損切りをするラインなどを決めて取引をすることも必要です。

チャートの分析では時に「**だまし**」が発生することもあります。チャートの期間が短い足だと売買シグナル通りには動かない「だまし」が出ることもあります。株価は、様々な要因で動きます。チャートの分析だけでなく、経済環境や世界情勢、個別銘柄のニュースなど総合的に情報を見て投資判断をすることが重要です。

203

▼チャートの期間が短い足の場合は「だまし」に注意！

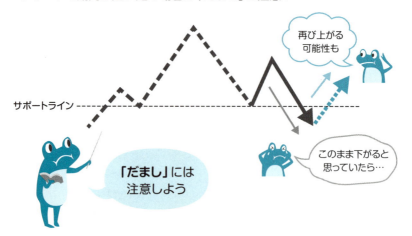

第3部 実践・ケーススタディー

第7章 株式投資を始めようと思ったときに

1 まずはどこから始めたらいいの？

実際、株式投資を始めてみたいのだけど、どこからどう始めたらいいんだろう

まずは、自分が興味のある業種やテーマ、気に入った株主優待のある企業から手をつけてみるのがいいと思うよ

なじみのある業種（同業・趣味）から始めよう

　投資初心者にとって、株式投資を始める時にどこから始めたらいいかわからないという問題があります。確かに東京証券取引所には、約4000もの銘柄が上場しており、その中から選ぶとなると迷ってしまう部分はありそうです。海外の銘柄まで広げるとその数は膨大なものになります。

　初心者が銘柄を選ぶ時には、なじみの深い業種や企業を選ぶのがおすすめです。例えば自分の仕事の同業種や趣味に関係する業種など自分が良く知っている業種や銘柄を選ぶと良いでしょう。そうすればその会社が何をやっている会社なのかが簡単にわかり、その企業の強みや弱みも理解することができます。他にも、生活していく中でも身近な存在である企業も良いでしょう。例えば、スーパーや百貨店、銀行などは、何をやっている会社かわかりやすいです。いろいろ調べても何をやっているかが理解できない業種や銘柄には投資することはやめた方がいいでしょう。

　米国の大富豪にして「投資の神様」とも呼ばれるウォーレン・バフェット氏は、投資先を決めるにあたり、「誰にでもわかるシンプルな事業であること」「商品やサービスに独占力があること」「経営陣が優秀であること」「企業としての歴史に裏付けされたブランド価値が高いこと」などを評価対象に挙げています。

　彼の格言の一つに**「あなたが理解できないビジネスには、決して投資してはならない」**があります。バフェット氏が好んで投資する企業の特徴として「誰にでもわか

るシンプルな事業をしている」点を挙げています。そのため、IT企業への投資は専門外として長らく避けていましたが、2016年にアップル株の購入に踏み切ります。友人がiPhoneを失くしたことをきっかけにiPhoneについて調査したところ、iPhoneが多くの人々に欠かすことのできないツールになっており、今後もそれは続くと結論付けたことが決め手になったといいます。アップルは、バークシャーの保有資産の約5割を占める時期もありました。

　ウォーレン・バフェット氏の格言からも投資は、自分が理解できる業種や銘柄に投資することが大切なことがわかります。まずは、なじみの深い業種や銘柄から探してみましょう。

　以下は、ウォーレン・バフェット氏が会長兼最高経営責任者（CEO）を務めるバークシャー・ハザウェイが投資している銘柄です。

▼**バークシャー・ハザウェイの保有銘柄上位20位**（2024年6月末時点）

No	銘柄名	保有額（億ドル）	保有割合（%）
1	アップル	842.5	30.09
2	バンク・オブ・アメリカ	410.8	14.67
3	アメリカン・エキスプレス	351.1	12.54
4	コカ・コーラ	254.6	9.09
5	シェブロン	185.5	6.63
6	オキシデンタル・ペトロリアム	160.9	5.75
7	クラフト・ハインツ	104.9	3.75
8	ムーディーズ	103.8	3.71
9	チャブ	69	2.46
10	ダビータ	50	1.79
11	シティグループ	35.1	1.25
12	リバティメディア	34.9	1.25
13	クローガー	25	0.89
14	ベリサイン	22.8	0.81
15	ビザ	21.8	0.78
16	アマゾン・ドット・コム	19.3	0.69
17	マスターカード	17.6	0.63
18	ヌー・ホールディングス	13.8	0.49
19	キャピタル・ワン・ファイナンシャル	13.6	0.49
20	エーオン	12	0.43
合計保有額（計36銘柄）		2799.7	

出所：バークシャーが米証券取引委員会（SEC）に提出した保有銘柄報告書より作成

相談や勉強はどこでやるの？

　お金や資産運用の相談をできる窓口はいろいろあります。銀行、証券会社、保険代理店、FP（ファイナンシャルプランナー）、IFA（独立系ファイナンシャルアドバイザー）などです。

　相談先を最初から絞らず、まずは利用している銀行や地元の証券会社から声をかけてみるのも一つの手です。いろいろな業態の窓口に相談してみて内容を比べて見るのも良いでしょう。銀行や証券会社では、定期的に資産運用のセミナーを行っているので、いきなり相談だとハードルが高いと感じる場合はセミナーから参加しても良いかもしれません。

　資産運用を相談する時には準備が必要です。ライフスタイルや将来必要な資金など予め説明できるようにしておきましょう。資産運用の目的や目標、運用できる予算、運用したい期間をまとめておくと良いでしょう。月々の給料やそのうち資産運用にまわせる金額など具体的な数字が必要です。現在の生活状況、家族構成、保有資産などは聞かれる可能性があるため準備しておきましょう。既に資産運用をしていて今後について相談に行く場合は、今までの運用状況がわかる資料を持っていくと良いでしょう。

　ヒアリングした内容を踏まえて、自分に適した資産運用方法などをアドバイスしてもらえます。ただし、相談先の業種や、得意分野によって、提案される商品に偏りがある場合があります。自分が求めていた提案と違うな、という違和感があれば、相談先を変えることも必要です。銀行や証券会社、保険代理店は取り扱う商品を売買してもらうことを目的としていることは念頭に置いておきましょう。

　資産運用を相談する上でも気をつけることは、アドバイスをもらっても、最終的な投資の決断は自分ですることです。相談をしたからと言って、必ずしも相談先の商品を買わなくても良いです。

　資産運用の相談をする先は一つである必要はありません。特に資産運用の経験が無い人はいろいろなタイプの専門家に相談する中で学びながら自分の判断材料を増やしていくと良いでしょう。どの様な資産運用方法が自分に合っているのかを相談する中で見つけていくことをおすすめします。

　もっとも重要なことは、投資は自己責任だということです。投資商品は価格変動があります。資産運用にはリスクは付き物であるということを自覚した上で、自分にあった運用をしていくことが大切です。自分の資産運用に責任を持つのは自分自身だということを忘れないでください。

株主優待狙いの注意点

投資する企業を選ぶ場合、株主優待は身近な材料になります。株主優待とは、株主が企業から貰える商品やサービスなどの優待のことです。優待の内容には、自社製品やお米、プリペイドカードなどの金券や優待券、カタログギフトなど様々なタイプがあります。

株主優待や配当金を受け取るには、権利確定日に株主になっておく必要があります。権利確定日は銘柄によって時期は異なり、主に年1、2回定められています。ただ、権利確定日には注意が必要です。現在、株式は購入してから受け渡しまでに2営業日かかります。なので、実際には権利確定日の2営業日前（この日を「権利付最終日」と呼びます）までに株式を必要な株数を購入し保有していなければなりません。土日や祝日は営業日ではないので含みません。

一般的に権利確定日の近くは株主優待や配当狙いの投資家の購入が集まりやすく株価が変動しやすい傾向があります。権利付最終日の翌営業日である「権利落ち日」には、配当・優待の権利を確保した投資家が売りに動き、株価が下がる可能性もあります。

いろいろな種類があり個人投資家に人気の株主優待ですが、株主優待だけに注目して銘柄を選別するのは危険です。株価が下落するリスクや、株主優待が改悪されたり廃止されたりするリスクがあるので、魅力ある株主優待であっても、その企業の業績など総合的な視点で投資を判断することが大切です。株主優待狙いの投資家が多い場合、優待の改悪・廃止をきっかけに株価が急落することもあります。

また、株主優待は、すべての企業が実施しているわけではありません。優待の有無は株式購入の前に確認する必要があります。株主優待の内容は各企業で異なるので事前に確認しましょう。

毎月ひとつ株主優待が送られてくるように選んで銘柄を買ってみると、毎月の小さな楽しみとして生活に潤いを与えてくれるかもしれませんね。どのような株主優待があるかは、以下のQRコードからご覧になれます。

【QUICK Money World】

https://moneyworld.jp/yutai

テーマ株とは？

テーマ株とは、話題のテーマによって分類された企業群のことです。テーマ株は関連銘柄とも呼ばれています。テーマは、世の中で注目されていることや、社会問題や新技術など、その内容は多岐に渡ります。イメージしやすい例では、対話型AI（人工知能）「Chat（チャット）GPT」の登場で生成AIがテーマ株として株式市場で注目されています。

あるテーマについて社会全体の関心が高まるということは、消費者・利用者の関心が高まるということであり、結果としてテーマに関連する商品の売上が成長するとの期待感が、投資家の間で高まることになります。テーマ株が株式市場で注目されると株価は上昇します。時に期待値だけで実力以上に株価が急騰するなど、テーマ株は値動きが激しくなる特徴があります。テーマ株はいったん注目されると急騰する傾向がありますが、一方で、ブームが落ち着くと株価が元の水準に戻ることがあります。テーマ株は短期間での値動きが激しい場合があるので、その点は注意が必要です。

また、テーマ株は、同じテーマ内の株価が上昇すると連鎖して他のテーマ株も上昇する傾向があります。これは生成AIへの注目が、半導体ブームの火付け役となった様にテーマ株は相互に影響し合っていることが多いからです。

テーマ株を探すには、日頃からアンテナを高く張っておく必要があります。ニュースや新聞などから話題となっている情報を収集することです。オリンピックなど大規模なスポーツイベントや選挙や国際会議、新名所や人気商品など今が旬の話題を探しテーマを探します。テーマ株は、話題になり株価が上昇する前に購入することが大切です。政治や経済、先進的な新しい技術など世の中の出来事に関心を持ち、いかに早くテーマを見つけ投資をするかがカギとなります。

テーマ株はそのテーマの一番注目される銘柄の株価が割高になると、次に恩恵がありそうな2番手、3番手の銘柄が注目される傾向があります。1番手に乗り損なってしまった場合、後追いで2番手、3番手の株価が上昇する前に買うという方法もあります。ただ、その場合、1番手の銘柄ほど株価の値上がりが期待できないことが多いです。

売るときもタイミングが重要です。テーマ株は急騰がある分、急落もあります。売るタイミングを逃してしまうと株価が値下がり損をすることがあるので注意しましょう。動向を読み取り判断することが必要です。

会社の持株会は入るべき？

持株会（従業員持株会）とは、自分が勤めている会社の株式（自社株）を従業員が購入・保有できる制度、仕組みのことをいいます。持株会は会社が組織を作り、従業員（役員を除く）の給与や賞与から毎月一定額を天引きしてお金を集め、その拠出金を原資に自社株を共同購入するものです。価格が変動する金融商品を常に一定の金額で、時間を分散して定期的に買い続ける手法をドルコスト平均法といいますが、持株会も同様の手法で自社株を購入する形になります。

株式投資はしていないけれど持株会には加入している、という方も多いかと思います。ですが、持株会も株式投資であることには変わりありません。

従業員は拠出額に応じて配当金などを得ることができます。会社は持株会による自社株買いに際して奨励金を支給するなどして従業員による自社株買いを促します。ただし、持株会への加入は従業員の任意とされています。

仮に社員のあなたが会社を退職した場合、持株会を退会する必要があります。一度退会すると再入会することはできない仕組みになっています。上場企業の場合、持株会を通じて取得した株式は退職時に個人の証券口座へ振り替えられる対応がとられます。一方、非上場企業の場合、譲渡制限が設けられていることが多いため、売却をする際には持株会に買い取ってもらう方法をとる必要があるようです。

従業員持株会は、会社側にも従業員側にもメリットがあります。会社側のメリットには、業績や株価などに左右されずに長期的に株式を保有する安定株主が増える、従業員のモチベーションが上がる、事業継承対策につながる、インサイダー取引にならないなどが挙げられます。従業員側が得られる持株会のメリットには、奨励金が上乗せされる、簡単に資産形成ができるなどが挙げられます。

一方デメリットもあります。会社側のデメリットは、配当金を支払う必要や、従業員に議決権を行使される可能性がある点です。従業員側は、会社への依存度が高くなるほか、好きなタイミングで売却できない点があります。

持株会は、上場企業を中心に福利厚生の一環として導入されるケースが多いとされ、実際、従業員持株会制度を導入する企業や加入者は増加傾向にあります。東京証券取引所が2024年1月に公表した「2022年度　従業員持株会状況調査結果」によれば、2023年3月末時点の東証上場企業3868社のうち、84％にあたる3262社（大手証券5社と事務委託契約を締結している企業が対象）が従業員持株会制度を導入

しています。持株会加入者数も増えており、2022年度の加入者数は前年度比1.7%増の303.3万人に上っています。

▼従業員持株会制度を導入する東証上場企業の推移

	従業員持株会社数	持株会加入者数
2011年度	1,998	218.5万人
2012年度	2,109	224.7万人
2013年度	3,087	238.5万人
2014年度	3,090	241.7万人
2015年度	3,123	262.0万人
2016年度	3,144	272.0万人
2017年度	3,184	278.6万人
2018年度	3,206	284.8万人
2019年度	3,236	289.3万人
2020年度	3,239	293.6万人
2021年度	3,247	298.2万人
2022年度	3,262	303.3万人

出所：東京証券取引所「従業員持株会状況調査結果」（https://www.jpx.co.jp/markets/statistics-equities/examination/tvdivq0000001xhe-att/employee_2022.pdf）をもとに作成

いくらから始めるべき？

投資を始めるなら、お金はどれくらい貯めていたらいいの？

10万円からでも投資は始められるよ。ただ、元手の金額感によって投資しやすい金融商品は変わってくるのに注意しよう

10万円で運用するなら？

　予算が10万円ある初心者におすすめなのがNISA（少額投資非課税制度）や個人型確定拠出年金（iDeCo、イデコ）といった非課税制度を積極的に活用することです。

　つみたて投資枠は投資信託を少額から積み立てることができます。投資信託は1口単位で売買でき、10万円あれば複数の投資信託へ投資できます。投資信託はそれ自体で分散効果が高い上、複数の投資信託を購入することでより分散効果を高められます。年間の予算10万円であれば月々約8300円積み立てられます。

　株式投資も可能です。株式は一般的に100株から購入することができます。1単元が100株です。1単元（最低売買単位）を買うのに必要な「最低投資金額」が10万円以下の銘柄はたくさんあります。

　例えば、NTTは1万円台（2024年9月時点）で購入できます。他にも日経平均採用銘柄225銘柄のうち1割にあたる24銘柄が10万円以下で買えました。株価が1,000円以下の銘柄であれば10万円で単元株（100株）を買うことができます。1単元が10万円に近い銘柄に一つ投資するよりも、3万円以下の銘柄に3つ投資すれば分散効果も高まるでしょう。また、1株から取引できるミニ株（単元未満株）で投資するという手もあります。株価が1000円以上の銘柄にも投資することができます。NTTの株価については、以下のQRコードからご覧になれます。他にも気になる銘柄があれば、QUICK Money Worldのページで調べてみるのもよいでしょう。

【QUICK Money World】

 https://moneyworld.jp/stock/9432

　個人向け国債など債券に投資も可能です。個人向け国債の最低購入額面金額は1万円で、1万円単位で購入が可能です。全額を債券投資ではなく、例えば半分を債券、半分を投資信託にすると分散効果も出ます。外貨預金が可能な金融機関もあります。外貨預金とは、外国の通貨で預金することです。為替変動リスクはありますが、日本よりも高い金利がつき、100円から投資可能です。

　初心者の人は最低限のリスクで投資を続け、投資の仕組みを理解し経験を積むことが大切です。投資の仕組みを理解した上で、徐々に収益率の高い資産運用に挑戦してみましょう。投資には分散投資が大切であることも意識しましょう。

　資産運用は、人生と共にあるもので自分の生活に密接に影響を与えます。なので、人生をより豊かにするためにも自分で勉強していくことが何よりも大切です。最初は少額投資から始め、実際に経験を積んでいくことをおすすめします。そして大きな損失を出さないための知識を学び、長期的な利益が出る仕組みを構築するために勉強をすると良いでしょう。

100万円で運用するなら？

　100万円の資産運用でおすすめの投資方法の一つは、NISAを活用した運用です。つみたて投資枠では投資信託とETF（上場投資信託）、成長投資枠で株式やREIT（不動産投資信託）などが買えます。また、個人向け国債など国債も買うことができます。どの商品に投資をするにしても、100万円を投資する場合は、一つの資産に集中させずに分散して投資をすると良いでしょう。

　100万円を効率的に運用するには、分散投資の考え方が大切です。どのように分散して投資をするかを考える必要があります。100万円を1種類の投資に偏らせることはリスクが高いです。まずは100万円の投資の内訳を決める作業が必要です。いくらをどの資産にと金額で内訳を決める方法もありますが、購入したい株式や投資信託が具体的にあるならそれをベースに内訳を決めていっても良いでしょう。また、投資の目標を踏まえて、どのように分散投資をしていくのか決める必要があります

す。

　運用によって資産を効率的に増やす一つのカギはどれだけ早く始めるかです。日本株の代表的な指数である日経平均株価に連動する投資信託を20年間、合計100万円積み立てると、20年後には資産額が2.4倍になりました。また、米国のテクノロジー企業に同じ条件で投資すると、20年で資産額は5.8倍に。20年という長期投資をすれば、100万円を500万円に増やすことは可能です。

　ただし、1000万円まで増やすことは難しいです。というのも投資元本を10倍にするには、ある程度の高リスク・高リターンな商品に投資する必要があるためです。運用していると、大きく元本を割り込む可能性も高く、あまり初心者にはおススメできません。

　利益を大きくしていくには、投資元本を100万円から増やしていくことが必要です。また、100万円の資産をいかに減らさずに運用していくかが大切です。確実に増やしていくには、世界の株式での運用を長期で行うことが理想なため、できるだけ早く始めた方が良いでしょう。その後、投資にかけられる金額を100万円以上にすることを目指していきます。100万円の投資で資産が増えれば、その増えた分の資産をハイリスク・ハイリターンの投資に回すことも検討できます。

1000万円で運用するなら？

　1000万円の資金があればたいていの金融商品を買うことができ、投資の幅が広がります。分散投資することができます。資金を減らすことがないよう着実に利益を増やせるリスクの低い資産運用と大きな利益を得るための資産運用の両方のバランスが大切になります。

　投資をする時に分散投資は大切です。一つの資産や銘柄、商品だけに偏った投資は決して良い方法とは言えません。偏ると何かが起こった時の影響を大きく受けてしまいます。なので、資金を一つの資産や銘柄、商品に偏らせることなく分散し、その影響も分散しておく必要があります。

　1000万円の投資でも、NISAやイデコといった非課税制度を積極的に活用することをおすすめします。1000万円あれば複数の株式や投資信託が購入でき、分散投資が可能です。

　数千万円あれば中古マンションなど不動産投資も可能かもしれません。ただ不動産投資は手間暇がかかったり、物件の購入金額が大きいので、いくつも投資することが難しく分散投資がしにくいです。なので、不動産投資と同じような効果が見込め

るREITなどプロに運用してもらう金融商品に投資するのも一つの手です。取引所に上場しているREITは証券会社を通して売買でき、かつ最低投資金額も10万円前後〜数十万円程度で買える商品です。

1000万円規模の投資の成功のカギは、分散投資を心がけ、折に触れ資産運用の状況を確認し、投資内容を見直すことです。どんな人でも1年ごと、5年、10年など区切りを設けて、資産運用の成果を確認し投資内容を見直していくと良いでしょう。運用の利益や損失の状況を見ながら投資方法を変えても良いです。

また、世界経済に影響を与える出来事が起きた時には投資状況を確認することが大切です。気づきが早ければリスクが大きくなる前に投資方法を変えることもできます。一方、数々のショックを乗り越えて世界の株式相場が右肩上がりであることを考えれば、ショックによる下落は投資のタイミングでもあります。何か大きな出来事が起こった場合は、自分の運用状況を確認し状況に応じた判断をする必要があります。

3 何歳から始めるべき？

投資は何歳から始めればいいの？

何歳からでも大丈夫！　でも、年代によって少し注意すべきことが変わってくるんだ。特に、退職が近い年代になってきたら、損失を取り戻す運用期間を確保できないかもしれないから、リスクをとりすぎないようにね

年代別の考え方

年代別の資産運用の考え方を紹介していきます。

● 20代

　収入の中から毎月、少額でも、一定金額を貯蓄や投資に振り向けましょう。今後のライフイベントに向けて資産運用を始めるのに最適な時期です。老後までかなりの時間があるため、少額でも個人型確定拠出年金（iDeCo、イデコ）やNISA（少額投資非課税制度）を活用した積立投資がおすすめです。老後までの期間が長いため、株式投資などリスクとリターンが高めの資産に多めに配分するのもよいでしょう。長期保有の運用を考えれば、一時的に損失が出たとしても、その後の運用期間で損失を取り戻す可能性・機会があるためです。

● 30代

　昇進や転職などで労働収入も増えてくる時期です。一方で、結婚や出産、住宅購入などのライフイベントが多く、大きな額のお金が動く時期でもあります。必要となるお金を意識しつつ、投資に回すお金を決めましょう。収入が増え、貯蓄や投資に充てられる額も増えているようであれば、イデコやNISAといった積立投資に加え、目的に応じて株式や投資信託などへの投資もおすすめです。

● 40代

昇進や転職などで労働収入は増えているけれど、子育てなどで支出も増える時期です。また、老後資金の準備も始めたいところです。引き続きイデコやNISAを活用して60歳まで積立、運用をしていくことが大切です。

● 50代

老後に向けて本格的に資産づくりを考える年代です。子供の教育費の支払いがなくなり支出が減る人もいるでしょう。一方で早期退職に直面する人もいる世代です。まずは60歳以降の生活に向けて安全に資産が増やせる方法を考えることが大切です。60代までの約10年間、毎月一定金額の投資積立をするだけでも、十分な長期投資効果は期待できます。また、イデコやNISAを通じて投資してきた資産をこの先どう運用するかを見直す時期です。

● 60代以上

定年退職を迎え、労働収入が減る時期です。60代はまだ比較的元気な世代なので、働けるうちは何かしらの仕事をして収入を得ることが大切です。また、まだまだ長い老後の生活を支えるために、投信積立や債券で運用をしていくことも一つの方法です。ただし、基本的には退職後は貯めた資産（年金含む）を取り崩すことで生活していく段階です。リスクの取りすぎには注意しましょう。

20代・30代から始めるなら？

資産運用はできるだけ早く始めた方が有利です。20代・30代の若い時から運用を始めるのはとても良いタイミングです。資産運用では「運用期間」と「複利効果」が強い味方になります。少額の積み立て投資であっても運用期間が長くなれば、塵も積もれば山となりまとまった資金になり、さらに複利効果も高まります。

複利とは、元金と利子の合計金額に利子がついていくことです。複利効果とは、運用で得た利益を再投資することで、利益が利益を生んで雪だるま式にお金が膨らんでいくことです。

若い世代が資産運用する上で大切なのは、給与が出たら少額でもいいので資産運用するための資金を先取りしておくこと、運用で得た配当や利子など利益は、再投資すること、資産運用をする理由や目的を明確にしておくことです。30代になると結婚や出産などライフイベントが多くなります。これまでの生活とは環境が一変す

ることも多いです。特に30代は具体的に生活をイメージし、資金計画を立てていくことが大切になります。

　運用期間が長ければそれだけ複利効果も高まります。結婚や子育てなど生活の変化によって、十分な運用資金を捻出することが大変になる時期もあるかもしれません。そんな時でも節約を心がけ、少額でも運用を継続していくことが大切です。また、長期間の資産運用の場合、多少の相場の波で一喜一憂しない心構えも必要です。長期保有の運用を考えた場合、一時的に損失が出たとしても、その後の運用期間で損失を取り戻せる可能性があるからです。株式など、比較的リスクの高い商品で運用するのも選択肢です。

　株式市場全体に投資する投資信託であれば、長期で保有し続けるのもありでしょう。個別の株式については倒産の危険性があったり、成長の兆しが見えなかったりするようであれば、売却することも選択肢の一つです。

　資産運用は短期的なものではなく、人生とともに長期的な視点で着実に行っていくものです。若い時からコツコツと運用を続けることが大切になります。

▼運用利回りのシミュレーション

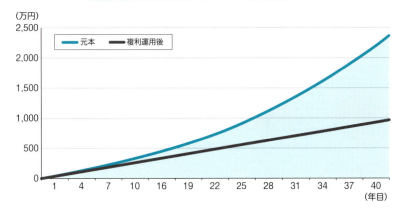

月々2万円を利回り4％で40年間運用すると…

60代でも間に合う？

　時代の変化の中、60代の生活は大きく変わっています。定年退職をした60代でも働く人が増えています。60代では引き続き働き、収入を得ることに加え、上手に資産を守りながら運用し老後に備える必要があります。現役時代から老後に向けて資

産運用を行ってきた人も、これまであまり老後資金の準備をしてこなかった人も、資産運用で人生100年時代に備える必要があります。

　ただ、60代では現役時代と違いこの先の労働収入は減る傾向であり、資産を大きく増やすというよりは、守りながら取り崩していく運用が大切です。どれだけ増やすかよりも、取り崩しながら何年、資産を維持できるか、という「資産寿命」を考える必要があります。60代という年齢を考えると大きな失敗は許されない世代です。そのため、リスク対策を徹底して現在の資産を守る資産運用・ポートフォリオ作りがおすすめです。

　老後までの時間的余裕がない60代の資産運用では大きな失敗は許されません。60代の資産運用は基本的には資産を大きく増やすというよりは、減らさないということを意識することが大切です。そのため、資産損失を徹底して回避するために、資産の多くをリスクの低い債券などで運用することが多いです。債券に投資する際も国内だけでなく、先進国の海外債券なども含め分散投資をします。

　ただ、多少のリターンも得るために株式や株式を中心とした投資信託を低い比率で取り入れるのも良いでしょう。目安とされるのが「100から年齢をひいた数字の割合を株式で持つ」という考え方です。そのため、60歳であれば、株式や株式を中心とした投資信託で運用するのは、多くて資産の40%ということになります。株式は、国内だけでなく、先進国株式など海外にも投資し、分散すべきでしょう。

　60代以降での生活では、労働収入が減っていくこともあり生活費の見直しや節約といった「資産保全」も重要な概念となってきます。特に子育てが終わっていれば、生命保険の見直しをする時期です。保障内容を見直して払う保険料を減らすなど検討するのも一つでしょう。また、通信費を見直すことで固定費を減らすことに繋がります。格安スマホでスマホのデータ通信料金を削減したり、家の電話やネット環境で安い通話・ネット回線プランに契約しなおすなど工夫ができそうです。生活費以外の外食費や交際費、その他娯楽費なども一度見直してみると良いでしょう。

4 FIREするには？

資産運用でFIREという単語をよく聞くけど、これは何？

FIREというのは、資産運用で不労所得や一定規模の資産を獲得し、経済的・金銭的に自立した上で、早期に退職するという概念のことだよ。これを目的に資産運用をしている人も多いけど、そうそう簡単にできるわけではないし、インフレを考える必要もあるんだ

FIREとは何か？

　FIREとは、「Financial Independence, Retire Early」の略語で経済的自立と早期リタイアすることを意味しています。FIREは1980年代～90年代に生まれた「ミレニアル世代」を中心に米国で流行している考え方で、最近では日本でも注目されています。

　経済的自立をして早期リタイアと聞くと、大きなお金を稼いだので仕事を辞め、そのお金で悠々自適に派手な暮らしをすると言ったイメージを持つかもしれません。しかし、FIREの考え方はそれとは少し異なります。

　FIREは、まず自分が生活していく上で必要な金額を把握し、その金額を資産運用による収益でまかなうにはどれくらいの資産（元手）が必要なのかを逆算し、その資産を形成することを目指します。FIRE後の生活も、大きく変わるわけではなく、築いた資産を減らさない様に節約と運用を続け、資産運用から得る収益の中で堅実に暮らしていく様なイメージです。

　FIREを実現するためには、資産運用は必須です。資産運用で、FIREするための資産を築きます。FIRE後も築いた資産を運用することで配当所得や不動産所得などを得て暮らします。FIREは、資産運用することで成り立つ生き方です。ちなみに、月の

生活費が月25万円かかる人の場合、FIREするには、資産として7500万円が必要になると言われています。

FIREにはフルFIREとサイドFIREという考え方があります。フルFIREは、FIRE後の生活資金を運用益だけに頼る形です。一方で、サイドFIREは、資産運用からの運用益を得ながらもある程度は仕事をして収入を得て、運用益と仕事と2つの収入で生活するものです。仕事はフルタイムで働くのではないが、週2～3日や時短勤務、副業をするなどで例えば月15万円程度の労働収入を得ていく。月25万円の生活費のうち運用収益でまかなう必要額は10万円程度ですみます。

この場合、FIRE時に必要な資産の計算は3000万円となり、フルFIREに比べ必要な目標資産総額をぐっと引き下げることができます。また、FIREに潜むリスクにも比較的対応しやすいです。完全に仕事からリタイアするわけではないので、もし何か問題が起こりFIRE生活を断念しなければならない時でも、フルFIREに比べるとキャリアの分断が少ないので復帰しやすいメリットもありそうです。

必要な利回りとは？

FIREを達成するために必要な資産を考える時、目安の一つに「4%ルール」という考え方があります。年間の生活費の25年分の資産を貯めて、その資産を年4%で運用していけば、FIRE達成後の生活を運用利回りの4%の収入で回すことで、資産を減らすことなく生活できると言われています。

FIREを目指すには、まずリタイア後の年間の生活費を計算する必要があります。その年間の生活費を、資産運用の収益でまかなうことができるだけの資産総額を逆算する必要があります。

話をシンプルにするために税金などは省きますが、例えば生活費が月25万円だと年間300万円必要です。FIREを達成するには、300万円×25年＝7500万円の資産が必要になります。そして、FIRE生活では、7500万円を年4%（年300万円の利益）で運用できれば資産を目減りさせることなく理論上ではいつまでも運用収益で暮らせることになります。

必要な資産総額がわかったら、FIREに必要な資産を形成するために資産運用をしていくことになります。年間生活費が300万円だと7500万円の資産が必要です。仮に生活の無駄を省いて節約し、例えば年間生活費を200万円に抑えられれば、必要資産額が5000万円になり7500万円よりは達成しやすくなります。また、サイドFIREで、一部収入を労働に頼ることにすれば、必要資産額をさらに少なくすること

ができます。必要資産額を達成するためにも、FIRE後の生活を堅実に過ごすためにも、節約する習慣はとても大切になります。

FIREにはリスクがあることも知っておく必要があります。FIRE達成後の生活で何が起こるかはわかりません。大きな天変地異や自分が病気や怪我してしまうなど予定外の大きな出費が必要になる可能性もあります。なので、予定外の出費にも備えておく必要があります。

注意しなければいけないのはインフレによる物価上昇で、必要な生活費の水準が上がってしまうことです。必要な生活費が上昇すると、FIREに必要とされる年間の生活費の25年分の資産額も上昇してしまい、計画が崩れてしまうためです。

また、投資に絶対はありません。資産運用に失敗したり、支出が想定以上にかかるとFIRE生活を続けることができなくなります。FIREを達成すると、仕事を辞めるのでそこでキャリアが止まってしまいます。FIRE後の生活がうまくいっていれば問題ありませんが、何か問題があった時に仕事に復帰しにくいのもリスクです。

4～5%の利回りを目指すなら

FIRE生活で必要とされる運用利回りは4%と言われています。一般的に資産運用における運用利回りの目標として、4～5%は現実的な水準と言われています。4～5%の利回りを目指すには、株や債券など「資産の種類」、国内や海外など「地域」、一気に投資ではなく毎月少しずつなど「時間」といった3つの側面から分散投資をすることが大切になります。

資産運用は全体で考えます。ある程度のリスクはあるが高めのリターンを目指す商品、リターンは小さいけれどリスクを抑える商品など複数の商品に分散投資をしながら資産配分を考え、資産運用トータルで利回り4～5%を目指していきます。

中長期的な資産運用をするには、リスクをどれだけ抑えられるかが重要になります。リスクの割合が大きいと、その分受け取れる利益は減りやすくなります。リスクを抑えるためには、ローリスクな資産運用の方法を中心に選び、また投資の基本原則である分散投資をしながらリスク対策を講じることがおすすめです。

分散投資では、複数の商品を管理していくことになるので、ポートフォリオを作成することをおすすめします。ある商品が自分の資産運用のうちどれくらいの割合を占めているのか、今、自分の資産はどういう資産構成になっているのかが一目でわか

りとても便利です。ネット証券などの口座内のサービスで提供されています。もちろん自分でエクセルなどで作成することも可能です。ただ、その場合、時価を自動的に反映させることができない点が難点かもしれません。

　年利4〜5%の利回りを確保するポートフォリオでは、例えば、国内外の株式を中心に6割から7割、残りを国内外の債券とするイメージになります。株式や債券は、国内だけでなく海外も含め地域を分散させます。どの地域の資産を多く組み入れるかによって利回り水準が前後する可能性があります。

　利回りを狙っていく投資では、株式投資や株式を中心とした投資信託、REIT（不動産投資信託）などを組み入れる形になるでしょう。国内だけでなく、先進国や新興国など海外株式も組み入れていくと良いでしょう。一方で、リスク対策として、ローリスクな債券も組み入れてバランスを取る必要があります。債券も国内だけでなく、海外債券も投資するとより分散投資になります。

5 確定申告は必要？

投資で利益が出たら確定申告をしないとダメなの！？

原則はそうだよ。投資した商品など様々な条件によって違いがあるので複雑なんだ。証券会社の『源泉徴収ありの特定口座』で株式と投信だけを取引していれば、基本的には確定申告が不要になるので、初心者におススメだよ

投資にかかる税金は？

　資産運用で利益が出ると税金がかかります。資産運用の方法によっても異なりますが、利益が出た分に対して約20％から、高いと55％という税率がかかる場合もあります。

　まず、投資した商品によって、**総合課税**と**申告分離課税**の2種類の課税方式があるという点を押さえてください。

　総合課税では、対象となる複数の所得、たとえば給与所得や事業所得、不動産の賃貸収入などを合計した金額に課税します。総合課税の所得税率は合計金額によって5％から45％まで7段階に区分され、それぞれの税率で控除額が決まっています。これに住民税10％が一律で課され、最大で55％の税率となります。

　一方、申告分離課税の対象は、総合課税のようにほかの所得と合算せず、それぞれ分離して所得税を計算します。申告分離課税に該当するのは、建物や土地、株式の譲渡所得、退職所得、先物取引に係る雑所得などです。

●株式投資、投資信託、先物・オプション、FX

　株式投資では、配当金・売却時の利益（譲渡益）どちらにも20.315％（所得税及び復興特別所得税15.315％、住民税5％の合計）の税金がかかります。投資信託も株

式と同じ税率です。投資信託の分配金と売却益には株式と同様20.315%の税金がかかります。日経平均先物・オプション取引や外国為替証拠金取引（FX）取引も同じです。確定していない含み益については所得とみなす必要はありません。

　株式の譲渡所得と、先物取引に係る雑所得（先物・オプション・FX）は、「申告分離課税」の対象となります。それぞれ、同一年内に出た利益と損失を相殺し、課税所得額を抑制することができます。これを**損益通算**といいます。

●暗号資産

　暗号資産（仮想通貨）の売買で得た利益は5〜45%の税金がかかります。暗号資産は資産運用の中で最も税率が高くなる場合があります。暗号資産は、所得区分で総合課税対象の「雑所得」に分類されます。雑所得が20万円以下であれば所得税の確定申告をする必要はありませんが、20万円を超える場合は確定申告が必要です。

　暗号資産での所得を含めた雑所得全体が20万円を超えた場合、確定申告が必要となり、「総合課税」で税率が決まります。住民税10%が課税され最大で55%の税率となります。

　暗号資産の税金で注意したいのは、所有している暗号資産を①売却したとき、②商品の購入で利用したとき、③他の暗号資産に交換をしたとき、利益が出れば課税されることです。②や③のパターンでは課税されないと勘違いするケースがあるため、ご注意ください。

▼総合課税の所得税率の速算表

課税される所得金額	税率
1,000円 から 1,949,000円まで	5%
1,950,000円 から 3,299,000円まで	10%
3,300,000円 から 6,949,000円まで	20%
6,950,000円 から 8,999,000円まで	23%
9,000,000円 から 17,999,000円まで	33%
18,000,000円 から 39,999,000円まで	40%
40,000,000円 以上	45%

出所：金融庁

　なお、**上場株式等の配当金については、総合課税と申告分離課税を選択できます。**申告分離課税を選べば、株式の譲渡損失と配当金（投資信託の分配金含む）を損益通算することが可能です。総合課税を選べば、給与など他の所得と合わせた所得総額

が一定水準以下の人には税率が有利になるほか、配当所得を含めた課税総所得が1000万円以下なら所得税と住民税を合わせて12.8%（株式の配当の場合）が控除される「配当控除」が適用されます。どちらがお得かは場合によって変わるため、確認が必要となります。

確定申告不要？　特定口座と一般口座の違いとは

　株式や投資信託を運用するために証券会社などで開く口座には、大きく分けて2つの種類があります。一つは**一般口座**、もう一つは**特定口座**です。両者の違いは、年間取引報告書の作成の有無です。一般口座の場合は自分で作成する必要があります。特定口座は金融機関が作成してくれます。また、特定口座では上場していない未公開株の売買ができないので、未公開株を取引したい場合は一般口座になります。

　税金についても大きな違いがあります。一般口座は、自分で作成した年間取引報告書をもとに株式の売却や配当などによる利益について自分で確定申告が必要になります。

　特定口座には2つ選択肢があります。**源泉徴収「あり」と「なし」**です。「**源泉徴収ありの特定口座**」を選択すると、税金（所得税及び復興特別所得税と住民税）が自動で徴収されるため、基本的に投資家は確定申告が不要になります。売却益や配当金は税金が差し引かれた額が入ってきます。また、その口座内の利益と損失、配当であれば、自動的に損益通算と還付が行なわれます。「源泉徴収ありの特定口座」を選択するには、証券会社に「特定口座開設届」を提出する必要があります。

　また、NISA（少額投資非課税制度）や個人型確定拠出年金（iDeCo、イデコ）などの非課税制度を使って運用している場合も確定申告は不要です。

　「源泉徴収ありの特定口座」は確定申告を意識しなくて良いので便利な制度ですが、注意したい点があります。それは、本来、確定申告が不要となる20万円以下の年間利益でも自動的に税金を徴収されてしまうことです。さらに、**複数口座間での損益通算**や、損益通算してもなお控除しきれない損失の金額を翌年以後3年間にわたり繰り越せる**繰越控除**を利用するために確定申告をした方が良い場合もあります。

　「**源泉徴収なし特定口座（簡易申告口座）**」を選択した場合には、自分で確定申告する必要があります。

▼証券税制の概要 (図中の「簡易申告口座」は「源泉徴収なしの特定口座」のこと)

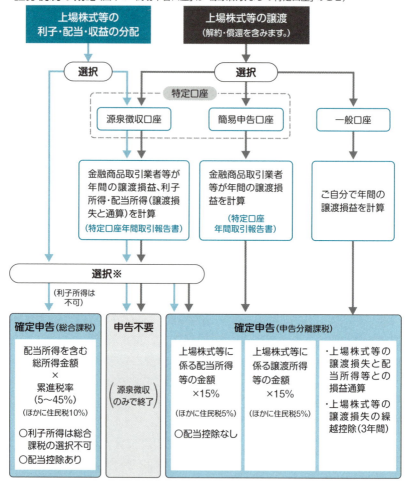

出所：国税庁パンフレット「金融・証券税制について」(https://www.nta.go.jp/users/gensen/nisa/pdf/0019009-091.pdf) をもとに作成

特定口座でも確定申告が必要なときは？

　これまで説明してきたように、**一般口座や源泉徴収なしの特定口座**を選択した場合は基本的には確定申告が必要ですが、**源泉徴収ありの特定口座を選択しても確定申告が必要となるケース**があります。たとえば、先物取引に係る雑所得（先物・オプ

ション・FX) は原則、確定申告が必要ですし、貸株による収入や株主優待について
もは総合課税対象の雑所得となります。

　一般的なサラリーマン (会社員や公務員などの給与取得者で、給与の年間収入が
2000万円以下かつ給与の支払を1か所のみから受けている人) の場合は、給与およ
び退職所得以外の所得 (要は本業以外の所得) が20万円以内であれば所得税の確定
申告が不要という「**20万円ルール**」があります。20万円ルールは、一般口座や源泉
徴収なしの特定口座も対象となります。

　以下に確定申告が必要なケースを整理しておきます。

●所得税の確定申告が必要な場合

①：取引口座が「源泉徴収ありの特定口座」では**ない**投資家

②：会社員や公務員などの給与取得者で、給与の年間収入が2000万円以上の方

③：医療費控除やふるさと納税 (寄附金控除)、住宅ローン控除などの適用を受け
　　るための還付申告を行う場合には、資産運用で得た所得が20万円以下であっ
　　ても、併せて確定申告をする必要があります。

④：大口株主 (上場企業の発行済株式の3%以上を保有する株主) として配当を受
　　け取ったり、非上場株式の配当 (少額配当等を除く) を受け取ったりした場合
　　は、源泉徴収による確定申告不要制度の対象にならないため、確定申告が必
　　要です。

⑤：先物取引に係る雑所得 (先物・オプション・FXの取引による利益) や、暗号
　　資産で得た利益、貸株収入、株主優待など、給与および退職所得以外の所得
　　が、合計20万円を超える場合、確定申告が必要となります。

　②～⑤のケースは**「源泉徴収ありの特定口座」を選んだ投資家も確定申告が必要
になる**ため、注意してください。また、住民税には「20万円ルール」は存在しないた
め、別途申告が必要となります。

●確定申告が不必要な場合

　取引口座が「源泉徴収ありの特定口座」ではない投資家 (「源泉徴収なしの特定口
座 (簡易申告口座)」や「一般口座」を利用している投資家) でも、上記で説明した一
般的なサラリーマンの場合は、給与所得および退職所得以外の所得、つまり本業以
外の所得の金額の合計額が20万円以下の場合は、確定申告が不要です。具体的に
は、上場株式や投資信託など「上場株式等」の売却益や売却損、配当金の合計が年間

20万円を上回らず、そのほかの所得もない場合です。

「源泉徴収ありの特定口座」の人も基本的には不要です（上記②〜⑤のケースを除く）。NISAやイデコの非課税制度を使った取引も不要です。

株式や投資信託の取引で損失が出た場合も確定申告は不要です。ただし、損失は確定申告することでその年に他の利益と損失を相殺できる損益通算ができたり、損益通算しきれない分は翌年以降に繰り越せたりするので、確定申告をした方が得になる場合もあります。

税制は複雑であり、変化する可能性もあります。証券会社のホームページを確認したり、ファイナンシャルプランナーのような専門家に相談したりすることで、正確な知識を確認するよう努めてください。

最後にもっとも一般的なサラリーマン個人投資家の場合の、確定申告の要不要を整理した表を掲載しておきます。

▼一般的なサラリーマン個人投資家が資産運用するケース

（給与の年間収入金額が2,000万円以下で、3%以上保有の大口株主でも、非上場株式の株主でもない。給与以外の収入が上場株式等の運用益だけの場合）

口座の種類	確定申告の要不要	
特定口座（源泉徴収あり）＝源泉徴収口座	不要	
特定口座（源泉徴収なし）＝簡易申告口座	必要※	※給与・退職所得以外の年間所得額が計20万円を超えた場合
一般口座	必要※	
NISA口座（一般、つみたて、ジュニア）	不要	
iDeCo	不要	

6 インサイダー取引とは？

インサイダー取引で捕まっている人を見たけど、そもそも何をしたらダメなの？

会社の内部の人しか知らない重要な情報をこっそり教えてもらって、その情報を元に取引したらダメなのさ。業績が良くなるか悪くなるか、事前に知った上で取引するのはズルいでしょ。ちなみに儲かったか損したかは関係なくて、損しても罰せられるからね。本当に気をつけよう

どこまでがインサイダー取引？

インサイダー取引とは**会社の内部情報**（「**重要事実**」と言います）を知る人が**情報公表前**に株式の売買を行うことです。インサイダー取引が禁止されているのは、証券市場の公平性と健全性を保つためです。

重要事実は、以下の5つです。

▼重要事実の一覧

重要事実		
	決定事実	株式発行、分割、業務提携など
	発生事実	災害による損失、上場廃止、訴訟など
	決算情報	業績予想、配当予想の修正
	バスケット条項	その他、投資判断に著しい影響を及ぼすもの
	子会社に関する重要事実	子会社に関する上記事項

インサイダー取引は、その売買で儲かったか損したかは関係ありません。こっそり知った情報で**儲けた場合だけでなく、仮に損をしていても違反となり罰せられます**。また、**情報を伝えた側の人や、（情報を伝えたか伝えてないかに関わらず）取引を推奨した人も、違反となり刑罰の対象となります**。

「情報を伝えた側の人」とは、会社の関係者が親族などに「決算の業績が良さそうだ」など重要事実を知らせたケースです。重要事実を伝達された側が売買した場合、伝達した側、伝達された側の双方が摘発対象となります。また、「(情報を伝えたか伝えてないかに関わらず)取引を推奨」では、会社関係者などが「うちの株を買っておくといいよ」などと具体的な情報までは伝えなくても、取引を勧めた場合も対象です。なお、取引推奨だけの場合は、売買した側は処罰対象から外れます。

インサイダー取引の対象者は大きく分けて2つあります。一つは、「**会社関係者**」です。もう一つは「**情報受領者**」です。会社関係者は、役員や従業員だけでなくパートやアルバイト、派遣社員、グループ会社の役職員、退職後1年以内の元役職員も含みます。法令に基づく権限を有する公務員や、契約を締結している取引先の役職員、会計監査をする会計士、顧問弁護士、増資の際の元引受証券会社、3%以上の大株主なども対象です。

情報受領者は、会社関係者を通じて直接、情報を知った人です。会社の従業員がこっそり知った情報を、家族、恋人、友人などに話し、それを聞いた人が情報公表前に売買をすればインサイダー取引です。会社内部の人でない場合も対象となるので注意が必要です。

情報受領者の対象者は会社関係者から直接、情報を聞いた人ですが、例外があるので注意してください。情報受領者から職務上、情報を聞いた同一企業の他の役職員を第二次情報受領者といい、インサイダー取引の対象となります。たとえば、企業に取材したアナリストや記者から報告を受けた上司が、第二次情報受領者に当たります。

「公表」っていつ？

インサイダー取引は、会社関係者や情報受領者などの対象者が、上場会社の業務などに関する「重要事実」を知り、その情報が公表される前に株式を売買することです。

重要事実とは、インサイダー情報とも呼ばれ、企業の株価の動きに影響を与えるような情報のことをいいます。重要事実は、「決定事実」、「発生事実」、「決算情報」、「バスケット条項」、「子会社に関する重要事実」の5つです。

「重要事実」を知りながら、公表前に株式を売買することはインサイダー取引となり違反となります。上場会社の役員や従業員は、事前に重要事実を知る機会が多いです。

会社関係者であっても重要事実について公表された後であれば、株式の売買をしても問題はありません。**何をもって「公表」なのか**は決まっています。下記のように定義されており、どれか一つ該当すれば公表済みの情報となります。

● 2以上の報道機関に対して公開され、12時間経過したこと
● 東証が運営するTDnet等による公衆の縦覧に供されたこと
● 有価証券届出書等に記載し、公衆の縦覧に供されたこと

インサイダー取引は、金融商品取引法で規制されている違法行為です。違反した場合には、罰金や懲役刑の対象となります。公表前の重要事実を使っての取引は処罰されるので注意しましょう。
　具体的なインサイダーの事例を見てみましょう。

事例その1
　A社の役員は、A社がB社と業務提携し第三者割当増資による新株式の発行をする決定を知りながら、公表前にA社株を買い付け、公表後に売却した。A社役員が違反行為者。

事例その2
　C社の社員は、職務の中で業績予想が上方修正されることを知り、知人に利益を得させる目的で伝え知人がC社株を公表前に買い付け公表後に売却した。社員、知人とも違反行為者（なお、上方修正の情報そのものを伝えていなくても、「上がりそうだから買うとよい」と推奨した場合、推奨した社員は違反行為者となります）。

インサイダー取引はバレますか？

インサイダー取引はバレます。インサイダー取引は大きく分けて2つの理由からバレます。一つは日本証券取引所自主規制法人による監視と調査から、もう一つは内部告発です。
　日本証券取引所自主規制法人は、インサイダー取引がないか市場を監視しています。重要事実が発表された全ての銘柄を対象に、日々の売買動向の分析をし、疑わしい取引があった場合には全て証券取引等監視委員会に報告をしています。この取り

組みを「売買審査」と呼びます。具体的には重要事実が公表された銘柄を抽出し、投資者の属性情報や売買状況などの詳細な分析をします。証券会社に売買委託者の注文データの提供を依頼し、会社関係者の有無や重要事実の公表から見てタイミングの良い取り引きがないかなど細かな調査と分析をします。そうしてインサイダー取引の疑いがある取引を絞り込んでいきます。

　もう一つは内部告発です。証券取引等監視委員会は「情報提供窓口」を開設しており、市場での不正が疑われる情報や投資者保護上問題がある情報を持っている人からの情報提供を受け付けています。2022年度には6713件の情報提供があり、不公正取引の疑いのある取引等について1065件の審査を実施しました。情報提供窓口は、インターネット、電話、郵送、FAXで受け付けています。

　個人がインサイダー取引をしないためには、インサイダー取引規制の十分な理解が必要です。重要事実を知っているのか、その重要事実は公表されているのか？自分でチェックしていくことが何より大切です。インサイダー取引になるかの判断は、証券市場の公平性と健全性を保つというインサイダー取引規制の趣旨を踏まえ、「この取引がアンフェアかどうか」を考えれば回避することができます。

　上場会社など多くの企業では自社で社内ルールを設けています。株式の取引をする際は、必ず社内規則に従って取引することが求められます。株取引だけでなく情報管理についても社内ルールに従って管理しましょう。自分の株式取引の際だけでなく、家族や友人にインサイダー取引のきっかけを与えないように気をつけることも大切です。

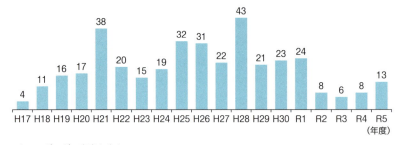

▼インサイダー取引に関する課徴金納付命令勧告件数の推移

※クロスボーダー事案を含む
出所：証券取引等監視委員会「令和5（2023）年度　証券取引等監視委員会の活動」（https://www.fsa.go.jp/sesc/reports/n_2023/n_2023a.pdf）P30（図3-1）をもとに作成

TOBとは？

 TOBって何？僕が持っている株式を買い集めたいという開示情報が出てきたんだけど、僕はどうすればいいの？

 TOBは企業買収の一つの手段で、あらかじめいくらで何株買うかをアナウンスした上で、株式市場で買い集める行為のことさ。足元の価格に少し上乗せした価格で買ってくれるから、株主にとってはうれしいね。買い付けに応じたり、市場で売ったり、持ち続けたりと、色々な選択肢があるよ

TOBとは何か？

TOBとは「Take Over Bid」の略称で、日本語では株式公開買付けのことです。ティーオービーと呼ぶのが一般的です。M&A（合併・買収）の手法の一つで、企業の経営権などを取得するために不特定多数の株主から株を買い集める際に利用されます。

TOBは、主に上場会社の買収・企業合併・子会社化を実現するために経営の実権を握る目的で行われます。TOBを実施する企業は、TOBを通じて株を買い集め、相手企業に対する持株比率を上げていきます。

会社経営をする上で「持株比率」はとても重要です。会社法では、この比率に応じて会社経営に対してどれくらい力を持っているかが決められています。

TOBでは、あらかじめ買取価格や株数、期間を公開したうえで、市場を通さずに株式を買い取ります。株の買取をしたい側が、対象の株式を保有する株主に売却を促し、取引所外でそれらの株式の買い付けをします。市場で株式の買い付けをしない理由は、大量の株式を市場で買い集めようとすると、買い集めることによって株価が上昇してしまう可能性があるためです。そのため、あらかじめTOBを実施すると宣言した上で、取引所外で一定の価格で買い付けます。市場で株式を買い集めるよ

りも、一定の資金で多くの株式を買うことができます。

　多くの株主からの売却を促すために、一般的にTOB価格は直近の株価よりプレミアム（上乗せ幅）を付けて高く設定されます。TOBが発表されると株価はTOB価格近辺まで上昇する傾向があります。

　TOBには種類があります。友好的TOBと敵対的TOBの2種類です。友好的TOBとは、買収される企業が買収に同意しています。例えば、グループ企業の完全子会社化などは友好的TOBになります。

　一方、敵対的TOBとは、買収される企業が買収に反対しています。そのため買収される企業が買収防衛策などを取り、友好的TOBに比べると成功率が低いと言われています。取得を目指す持株比率により、TOB後に上場廃止になるケースや、上場を維持するケースがあります。

　金融商品取引法では、「5%ルール」や「3分の1ルール」といった具体的なルールでのTOB実施を義務付けています。

▼持株比率に応じてできること

持ち株比率	できること
33%（3分の1）超	定款変更や事業譲渡、解散など重大な決定事項（株主総会における特別決議）を単独で否決できる。
50%（2分の1）超	取締役の選任・解任や、配当などの決定事項（株主総会における普通決議）を単独で可決できる。
66%（3分の2）以上	定款変更や事業譲渡、解散など重大な決定事項（株主総会における特別決議）を単独で可決できる。

TOBが発表されたらどうすればいい？

　保有している株がTOBされた場合は、3つの選択肢があります。

●①TOBに応募する

　TOBに応募すれば、TOBの買付価格で売却することができます。自分が取引する証券会社が公開買付代理人ではない場合、代理人である証券会社の口座を開き銘柄を移管する必要があります。また、買付株数に上限が設けられたりする場合もあるので、自分の株が買付けされるかどうかは結果がでるまではわかりません。TOBに応募する際は、諸条件を確認する必要があります。

●②市場で売却する

　市場で売却することもできます。一般的にTOBが発表されると対象銘柄の株価はTOB価格近辺まで値上がりすることが多いです。なので、公開買付代理人が自分が利用している証券会社でなく新たに口座開設する手間などを考えると、TOB価格近辺で、市場で売却することも一つの方法です。

●③保有し続ける

　保有し続けることも可能です。ただ、TOB成立後に上場廃止となるケースでは、信託銀行で換金手続きが必要になったり、保有株式の強制的な買取（スクイーズアウト）がされることがあるため注意が必要です。これらの場合、他の株式取引との損益通算ができなくなったり、別途、確定申告が必要となりますのでご注意ください。また、上場廃止にならない場合、TOB成立後は株価が元の水準に戻ることがあります。

　多くの株主からの売却を促すために、一般的にTOB価格は直近の株価よりプレミアム（上乗せ幅）を付けて高く設定されます。一般的に、プレミアムは約30～50%程度です。2020年9月29日にNTTが発表したNTTドコモに対するTOBでは、TOB価格は3900円で28日終値（2775円）より約40.5%のプレミアムが付きました。

　一方で市場価格より割安で取得する「ディスカウントTOB」もあります。市場価格より安いTOB価格なため、一般株主がほとんど応じず、特定の買い手から決まった量を買い付けやすくなります。

　過去には2018年に三菱商事が三菱自動車株をTOBで買い付ける際、市場価格より10%程度下回る株価でTOBしました。ディスカウントTOBは、企業の再編や株式の持ち合い解消などで活用されます。

　TOBは公表された買付条件を確認する必要があります。TOBは必ず成立するものではありません。買付条件を満たせなかった場合などTOBが不成立になったり、中止になることもあります。

▼TOB発表前後のNTTドコモの株価推移

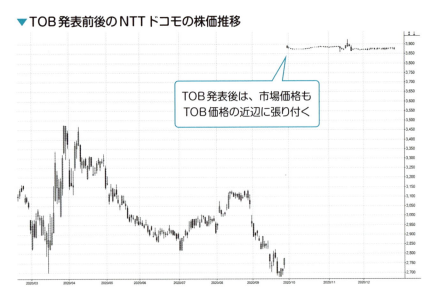

TOB発表後は、市場価格もTOB価格の近辺に張り付く

出所：QUICKデータに基づき作成

MBOとは？

　TOBと混同しやすい用語に**MBO**があります。株式市場におけるMBOとは「Management Buyout（マネジメント・バイアウト）」の略称で、企業の経営陣が金融機関や投資ファンドから資金調達を行い、既存株主から自社の株式や事業部門を買い取って経営権を取得することをいいます。M＆A（合併・買収）の手法の1つで、日本語では「経営陣が参加する買収」です。

　MBOは、株式を買い付ける主体に注目した用語であり、自社の経営陣が自社株式を買い付けることを指します。一方、**TOBは株式を買い付ける方法に注目した用語**であり、株式の公開買い付け全般を指します。そのため、MBOの実施手段としてTOBを使うケースが多くあります。買い付けを行う主体は買い付け期間や価格、買い付け予定株数などを公表し、その内容に納得した既存投資家はTOBに参加したり、市場で売却することができます。この際、買い付け価格が低いと投資家が判断した場合には株式の売却に応じない場合もあり、予定の株数を買い付けられずにTOBは不成立となる場合もあります。

　MBOでは自社経営陣の参加による買収なので経営陣は交代しませんが、他社によるTOB、特に敵対的TOBの場合は経営陣の交代が起こります。TOBを実施し、

成立すると、TOBされる企業はTOB実施企業の完全子会社となり、経営権も移ることになります。

　MBOは全ての自社株式の買い取りを前提とする場合が多いため、上場企業がMBOを実施し、成立するとその株式は上場廃止になります。上場企業がMBOで上場廃止を選択するのは、経営の自由度の確保や長期目線での経営戦略の実行、意思決定スピードを上げることなどが目的です。

　MBOでも、直近の株価にプレミアム（買収プレミアム）を上乗せした買い取り価格が設定されます。MBOの実施が発表されると、一般的にその企業の株価はMBO価格近辺まで上がります。

　当時、東証スタンダード市場の上場企業で、間仕切り（パーティション）製造・販売のコマニー（7945）は2022年5月10日、同社社長の家族が経営する企業が主体となってMBOの実施を発表しました。買い取り価格は2100円。基準日の5月9日の株価（1185円）に対して、買収プレミアムは77％でした。コマニー株は翌営業日から3日連続でストップ高水準まで上昇し、その後は2100円近辺で推移しました。MBO成立後、同社株は同年7月28日に上場廃止となりました。

▼MBO前後のコマニーの株価推移

出所：QUICKデータに基づき作成

8 米国株にも投資できるの？

日本株にも慣れてきたから、世界のもっと有名な企業に投資したいな！

日本からでも米国株に投資できるんだよ。米国市場に上場しているADRを買えば、米国以外の世界の有名企業にも投資できるのさ。ただし、一般的に日本株よりも手数料は高いので要注意だよ

どうやって始めるの？

　米国株は主要なネット証券を始めとした日本の証券会社を経由して売買することができます。証券会社の証券総合取引口座を開設し、その後、同口座にひもづく「**外国株式取引口座**」を開設します。

　次に証券総合取引口座にある資金（日本円）を外国株式取引口座に移動します。その移動した資金（日本円）を米国株の取引通貨である米ドルに両替（外貨決済）することで、米国株の売買に向けた準備は完了です。なお、外貨決済のほか、外国株式取引口座にある日本円から直接、米国株を売買する「円貨決済」という方法もあります。

　あとは日本の銘柄を取引するのと同様、ネット証券の場合は取引画面にて銘柄選択や購入株数などの必要項目を入力して売買発注するという流れになります。

　日本から米国株を購入する場合、買付手数料と為替手数料がかかります。「外貨決済」は自分で日本円を米ドルに両替して取引する方法で、まとまった金額を両替しておけば、取引のたびに為替手数料が発生することはないため、コストを安く抑えられるメリットがあります。

　株式売却の際は米ドルでそのまま受け取る形になります。配当金も米ドルで支払われるため、そのまま米ドルで受け取ることができます。その資金を再投資に回す時も為替手数料はかかりません。一方、両替の手間がかかる点や両替完了の時間がか

かる可能性がある点がデメリットと言えます。

「円貨決済」は日本円のまま米国株を購入することで、自分で両替する手間が省けるとともに、すぐに米国株を購入できることがメリットです。ただ、注意したいのは、米国株はあくまでも米ドルで購入する必要があるという点です。表面上、日本円のまま米国株を購入するものの、両替自体は証券会社が代行する形で行っており、実際には取引のたびに為替手数料が発生するほか、手数料も代行する証券会社が指定するレートになるため外貨決済よりも取引レートが高い傾向にあると言われています。

円貨決済は株式売却時には米ドルを日本円に交換して受け取るため、この時にも両替の手数料がかかります。配当金も同様です。売却して得た資金や配当金を再投資に回す場合も日本円から米ドルに再び両替する必要が出てくるため、円貨決済は為替手数料の面でデメリットがある点を理解しましょう。米株式取引に際して、各決済方法のメリット・デメリットをぜひ認識しておいて下さい。基本的には、米国株の購入時点では円高の方が有利、購入後は円安の方が有利と覚えておいてください。

米国株全体は過去30年で、日本株を大きく上回る成績を示しています。QUICK Money Worldでは米国の主要な株価指数のひとつであるナスダック総合株価指数の情報を閲覧できます（QRコードを参照）。

【QUICK Money World】

https://moneyworld.jp/market/@@CCO%2FU

また、会員限定ではありますが、米国株式市場の個別銘柄の情報も掲載しています（QRコードを参照）。

【QUICK Money World】

https://moneyworld.jp/us-stock

日本市場との違いは？

米国株式市場の取引時間（立会時間）は9時30分〜16時（日本時間23時30分〜翌朝6時、サマータイム時は22時30分〜翌朝5時）です。米国市場は昼休みがあり

ません。立会時間のほかに、立会時間前（現地時間8時〜9時30分）の「プレ・マーケット」と立会時間後（同16時〜20時）の「アフター・マーケット」の時間外取引もあります。この時間帯の取引については日本では一部証券会社が取り扱っています。

単元株制度が設けられている日本株はほとんどの銘柄が100株単位で購入することになりますが、米国株は1株から購入できることが特徴の1つです。少額投資で世界の大企業の株主になることができます。

また、米国では年間4回の配当を実施する企業が多くあります。しかも、連続配当・連続増配など株主還元に積極的に取り組む企業が多いのも特徴です。例えば、日用品大手の米プロクター・アンド・ギャンブル（P＆G）は、1890年の創業以来133年間、毎年配当を実施しており、さらに67年連続（2023年時点）で増配しています。配当の実施時期が企業によって分散されている点も魅力の一つです。配当時期が異なる企業に分散投資すれば、定期的な配当収入も見込めるかもしれません。

一方、日本株との大きな違いの一つとして、株価の急速な変動を防ぐため取引所が制限している1日の騰落幅「値幅制限」が米国株には適用されていない点が挙げられます。米国では、値幅制限の上限まで上がる「ストップ高」や同下限まで下がる「ストップ安」のルールがないため、決算発表や突発的な材料・ニュースにより1日で株価が大きく変動する場合があります。米国株式市場は時差の関係で日本の深夜の時間帯に取引が行われるため、突然の株価変動に備え、逆指値注文を活用するなどの対応を考えることも重要になりそうです。

「売却益」に対する税金については、一律20.315％の税金がかかります。「配当金」に対する税金は、米国における現地課税10％が差し引かれたうえで、その後、国内でさらに20.315％の税金がかかります。つまり二重課税となり、企業の配当金から計28.2835％引かれた金額が払い込まれることになります。ただ、米国の現地課税10％に関しては、外国税額控除を使って確定申告すれば全額もしくは一部取り戻すことが可能です。

▼米国株取引の主なルール＆ポイント

投資商品	個別株、上場投資信託（ETF）
証券コード	ティッカーシンボルと呼ばれるアルファベット（例：アマゾン＝AMZN）
株式売買単位	1株単位
主な取引所	ニューヨーク証券取引所 (NYSE)、ナスダック証券取引所 (NASDAQ)
取引時間（立会時間）	9時30分から16時 日本時間23時30分〜翌朝6時、サマータイム時：22時30分〜翌朝5時
値幅制限	無し（日本の個別株のようなストップ高、ストップ安がない）
決算期	12月期決算が中心
配当	四半期ごと（年4回）が多い
米国株の購入場所	ネット証券などの日本の証券会社
手数料	取引手数料および為替交換時手数料
取引決済方法	外貨決済と円貨決済
税金①（譲渡益課税）	20.315%
税金②（配当課税）	米国10% ＋ 国内20.315%

ADRとは？

　「**ADR**」はAmerican Depositary Receiptの略語で、日本語では米国預託証券と呼ばれています。ADRは米国市場で売買できる外国企業の証券のことで米国株式のように売買することができます。日本の投資家の立場から見れば「米国の株式市場を経由して第三国の企業に投資ができる」ということになります。

　最近では、米国や中国など一部の国の個別株式を日本の証券会社から購入することができますが、国の事情や規制などがあり購入できる国は限られているのが現状です。例えばインドや英国などの国の個別株式を日本の証券会社から購入することは難しいです。

　しかし、日本から購入できない国の個別株式でも、その企業のADRが米国に上場していれば日本の証券会社を通じて購入することができます。ADRを保有することは、その外国企業の株式を保有するのとほぼ同じことになり、株主の権利である配当金も受け取ることができます。石油メジャーの英蘭シェルのADRを保有することは、実質的にシェルの株主になることを意味します。

ADRは日本の証券会社から買うことができます。ADRの価格は米ドルですが、ほとんどのネット証券では、買い付けに円貨決済か外貨決済を選択できます。

ADRの仕組みは、外国企業の株式を裏付けに米国で発行された有価証券を上場させたものです。現地で上場している既存の株式を買い付けた銀行が現地の別の銀行にその株式を預けます。買い付けをした銀行は、外国企業の株式を保有していることを示す証書を出します。この所有権を示した証書を米国で発行したものがADRです。日本の証券会社から購入できるADRはこのADRを米国市場に上場させたものになります。一方、非上場で店頭取引のADRもあります。

ADRには「スポンサー付き」と「スポンサーなし」の2種類があります。株式を発行する外国企業の同意があって発行されたものを「スポンサー付きADR」といいます。裏付けとなる株券を買い付けることができればADRを作ることが可能なので、発行会社の同意なくADRが作られることがあります。これを「スポンサーなしADR」と呼び、米国で非上場のまま店頭で取引されています。日本の証券会社を通じて購入できるADRは、米国市場に上場しているADRであり、「スポンサー付きADR」になります。

▼ADRの仕組み

Xさんが国内証券会社に米国市場に上場している「ある国」のY社ADRを買い注文

Y社ADRへの投資で、実質的に「ある国」のY社株を保有したことに

第3部 実践・ケーススタディー

第8章 金融と株価の関係

1 利上げすると株価や為替はどうなるの？

さあ、投資を始めたぞ！　企業業績や株価はもちろん調べるけれど、他にチェックしておくべきものってあるの？

ひとつは各国の金融政策だね。景気の調整のために政策金利を上げたり下げたりすることだよ。利上げは通貨高の要因になり、株価にはマイナスの影響が大きいとされている。金利上昇局面では投資する銘柄の選別も必要になるんだ

利上げと為替の関係

「利上げ」とは、**米連邦準備理事会（FRB）** や **日本銀行（日銀）** など各国・地域の中央銀行が政策金利を引き上げることを指します。政策金利は景気や物価、金融システムの安定を図るため設定する短期金利のことです。このように**金融政策**とは政策金利を上げたり下げたりすることで、市場金利や民間金融機関の貸出・預貯金などの金利に影響を及ぼし、ひいては企業の設備投資や個人消費など実体経済にも波及することを狙うものです。

利上げは、景気が過熱気味だったり、物価が継続的に上昇する**インフレーション（インフレ）** 加速への懸念が強まったりした場合、その抑制を目的に実施されます。一方、景気が悪化したり、物価が継続的に下落する**デフレーション（デフレ）** に陥ったりした時には、景気を支える目的で利下げが実施されます。

利上げと為替には密接な関係があります。為替レートは２通貨の交換比率なので、２通貨間の相対的な力関係や需給バランスによって決まります。２通貨間の力関係・需給の変動要因として、景気動向や金利動向などが挙げられます。

まずは景気です。利上げ局面は、その国の景気拡大が続いていることを示しています。例えば、高い金利水準が続く米経済の成長力が日本経済に比べて相対的に強

ければドル建て資産に対する需要が拡大し、ドルの価値が上がります。その結果、ドル円相場は円安・ドル高（円売り・ドル買い）に振れやすくなります。

次に金利です。基本的に利上げする国の金利は高く、利下げする国の金利は低くなるのが一般的です。例えば、金利が1％付く金融商品と3％の金融商品がある場合、誰もが3％の金利が付く金融商品で運用したい気持ちになるでしょう。それと同じく、資金は金利の低いところから高いところへ流れるのが基本です。米国債利回りが日本の国債利回りよりも高い水準が維持されればドル資産への人気は続き、円安・ドル高の圧力は続きやすくなります。

利上げはその国の通貨高を誘う可能性が高くなることを示していますが、金融政策における利上げと為替の関係をみていくうえで、もう一つ重要な視点があります。それは、金融政策の「方向性」です。現状、金利差に大きな乖離があっても、それが縮小方向に向かうとなれば、取引の世界ではそれを見越した売買が活発になります。

FRBは2022年以降の利上げ実施を経て、24年後半は利下げ転換への局面に入りました。日銀は24年3月にゼロ金利政策の解除を決め、同年7月には追加利上げを実施しました。日米の金利差は依然大きいままですが、金融政策の方向性は米国が「利下げ」、日本は「利上げ」という構図です。日米金利差が拡大から縮小へと向かえば、円高・ドル安の圧力が強まる可能性があります。

▼米政策金利とドル円相場の推移

出所：QUICKデータに基づき作成

ドル円相場の動きを予測するうえでは、特に日米金融政策の動向がカギを握りますが、予測の判断材料として注目される重要なデータやツールがあります。FRBは**米連邦公開市場委員会（FOMC）**で政策決定しますが、政策決定の判断材料の一つとしてFOMCの2週間前に公表される全米各地区の経済情勢をまとめた**米地区連銀経済報告（ベージュブック）**が用いられます。米政策金利を先読みするツールとしては、今後の利上げや利下げの市場見通しの可能性を確率で示した**「Fedウォッチ（フェドウオッチ）」**が参考材料になります。

また、世界の基軸通貨であるドル需要の強さを見極めるには、複数の主要通貨に対するドルの為替レートを指数化した「ドルインデックス（ドル指数）」が参考になります。円の側面では、英ポンドやユーロなど対ドル以外の円相場である「クロス円」の動きを注目するといいでしょう。

利上げと株価の関係

中央銀行が利上げを実施すると、民間金融機関の貸出金利などの市場金利が上昇します。金利と株価はシーソーのような関係に例えられ、利上げ（金利上昇）は株安要因、利下げ（金利低下）は株高要因になると言われています。

利上げ（金利上昇）が株安要因になる仕組みの1つはこうです。企業は事業拡大に向けて金融機関などから資金を借り入れることがあります。金利が上昇すると借入金の支払利息が増えるため、企業収益の圧迫要因になります。

借り入れ負担の増加は、新たな資金調達の抑制要因になります。企業が成長投資を抑えれば、売上高の減少や利益の圧迫など企業業績にマイナスの影響を及ぼし、企業の収益に連動する株価に下押し圧力として働くというわけです。

もっとも、中央銀行が利上げに動くのは、景気拡大や回復力に強さが続いていることを示唆しています。中央銀行が利上げするのは、あくまでも景気や物価の安定を図り、持続可能な成長につなげることが目的です。景気の回復局面で緩やかな利上げが続く場合、株価へのマイナス要因とはされないこともあります。

利下げが株高要因になるのはその反対です。利下げで金利が低下すると、企業は資金を借りやすくなります。資金を成長投資に回すことで事業が拡大し、売上高や利益が増加することで、株価は上昇しやすくなるという流れです。

▼金利と株価の関係

金利上昇	⇒	借り入れコスト増 成長投資を抑制	⇒	売上高や利益が減る	⇒	株価下落
金利低下	⇒	借り入れコスト減 成長投資を拡大	⇒	売上高や利益が増える	⇒	株価上昇

　株式市場では一般的に利上げ（金利上昇）はマイナスの影響が意識されますが、金利上昇の恩恵を受ける業種もあります。金利上昇のメリットを受ける業種の代表格は、貸出金利と調達（預金）金利の差による利益（利ざや）の拡大が見込める銀行などを中心とする金融セクターです。一方、有利子負債を多く抱える企業などは金利負担が膨らむためデメリットに働きます。

利上げでグロース株が下がる理由は？

　利上げ局面において株式市場で度々、話題に上がるのが、グロース株（成長株）と呼ばれる銘柄への影響です。グロース株とは、売上高や利益の成長率が高く、将来の成長が期待される銘柄のことを指します。成長性や将来性の高さから、予想株価収益率（PER）や株価純資産倍率（PBR）といった株価指標は市場平均よりも高くなる傾向があります。そのグロース株は金利上昇に弱いとされています。

　グロース株は成長性の高さから、積極的に資金を借り入れて事業拡大を進め成長加速につなげようとする場合があります。金利が低い環境では成長資金を容易に確保できますが、金利が上昇すると事業拡大に備えた資金の調達を控える動機が増えます。その結果、市場の高い成長期待に対する達成確度の懸念が広がり、グロース株の下押し圧力になるという構図です。

　株価指標の一つに「株式益利回り」があります（第5章を参照）。一株当たり利益（EPS）を株価で割ったもので、株価をEPSで割って計算するPERの逆数になります。低いほど割安と評価されるPERの逆数ということは、PERの高い銘柄は株式益利回りが低いことを示します。株式益利回りは金利水準との比較に使われるため、金利が上昇すると金利と比較した益利回りの低さが意識されるグロース株は相対的な投資魅力が低下し、売られやすくなるとされています。

2 日本が金融政策を変えるとどうなるの？

日銀が久しぶりに金融政策を変更して利上げに動いたんだって？

うん。株価や為替は急変動したみたいだよ。投資をしていない人からすれば預金金利や住宅ローン金利くらいにしか影響はないように見えるけど、金融市場には大きな影響が出るんだ。十数年ぶりの金融政策の大転換で、もしかすると、これまでの株高・円安の流れが反転するかもしれない。株式投資も慎重な銘柄選びが必要になるね

日銀の異次元緩和とは？

　日本の中央銀行である**日本銀行（日銀）**の使命は、お札（日本銀行券）の発行はもちろんのこと、物価や金融システムの安定を図ることです。物価の安定という使命に関して、日銀は2013年4月に世界でも類を見ない大規模な金融緩和政策を採用しました。「**異次元緩和**」と呼ばれる金融政策です。

　「異次元緩和」とは、当時の安倍晋三政権（第二次安倍政権）のもと、13年3月に日銀総裁に就任した黒田東彦氏が同年4月に導入した大規模な金融緩和政策のことをいいます。正式名称は「量的・質的金融緩和」で、2年程度で2％の物価上昇率を達成することを目標に掲げました。市場に供給するお金の量（マネタリーベース）を2年間で2倍にする「量」の拡大に加え、長期国債や上場投資信託（ETF）など買い入れる金融資産の「質」も多様化して、大胆かつ強力な金融政策を推し進めて日本経済の浮上を図るものでした。

　しかし、思ったような成果が出ず、14年10月にはマネタリーベースのさらなる増加を含む「量的・質的金融緩和」の拡大を決定。16年1月には「マイナス金利付き量的・質的金融緩和」の導入に踏み切りました。世界的な経済減速やデフレリスクに対処す

るため、日銀は初めてマイナス金利政策に打って出たのです。

マイナス金利政策は、金融機関が保有する日銀当座預金の一部にマイナス0.1%の金利を適用するというものです。銀行に預金をすればその時の水準で利子が付くもので、金融機関が預ける日銀の当座預金口座にも本来であれば利子が付きます。しかし、マイナス金利導入で金融機関は日銀に資金を預けたままだと金利を払う必要が出てきます。日銀はそのお金を企業の設備投資や個人の住宅ローンなどへの貸し出しに振り向けることを促そうとしたのです。

これらの大胆な金融緩和政策にもかかわらず、物価上昇率2%という異次元緩和のゴール達成には至らず、その後も大規模緩和策の拡充が続きました。一方、大規模な金融緩和政策により、投資家がリスク資産に資金を振り向ける流れが強まり、金融・株式市場では超低金利環境のもと、日経平均株価が大きく上昇し、ドル円相場は円安・ドル高が進む結果となりました。

▼異次元緩和以降の日経平均株価とドル円相場 (2013年4月＝100として指数化)

出所：QUICKデータに基づき作成

マイナス金利解除で為替はどうなる？

異次元緩和から約11年後の2024年3月、日銀はマイナス金利政策を解除することを決定しました。13年に始まった大規模緩和は事実上終了し、金融政策は正常化に向けて新たな段階に移行。同年7月には追加利上げが決定されました。

マイナス金利政策解除の背景は、コロナショック後の景気回復で世界的にインフレ懸念が高まったことが一因です。金融政策の判断でも重視される日本の消費者物

価指数（CPI）は、天候や市況など外的要因に左右されやすい生鮮食品を除くコアCPIの前年比上昇率は24年6月まで日銀の目標とする2％を27カ月連続で超え、生鮮食品に加えエネルギーを除いたコアコアCPIは21カ月連続で2％超えとなりました。日銀など世界の金融政策を担当している中央銀行は、コアCPIやコアコアCPIを物価水準の指標としてチェックしています。

　日銀は物価2％目標が「持続的・安定的に実現していくことが見通せる状況に至った」と判断し、マイナス金利解除および利上げに踏み切ったのです。景気の回復力が懸念されるなか、利上げは拙速な判断との声もあります。

▼日本の消費者物価指数（CPI）の推移（前年同月比、単位：％）

出所：QUICKデータに基づき作成

　マイナス金利解除や利上げは為替相場にどのような影響を与えるでしょうか。金利と為替の関係は、一般的に金利の低い国の通貨が売られ、金利の高い国の通貨が買われます。実際、日銀が異次元緩和で超低金利政策を続けるなか、米連邦準備理事会（FRB）は2022年には利上げ局面入りし、その結果、ドル円相場は円安・ドル高に大きく進みました。

　しかし、2024年後半のFRBは長らく続いた利上げから一転して利下げ方向へ、一方の日銀は利上げへと舵を切りました。これまで拡大していた日米の金利差は縮小の方向へと進む公算が大きくなり、円売り・ドル買いの巻き戻しが起こっています。24年7月には一時1ドル＝160円台まで売られた円ですが、日銀の利上げなど

をきっかけに同年8月には一転して139円台まで円高・ドル安が進みました。

　24年後半の日米金融政策の方向性は、FRBが「利下げ」、日銀は「利上げ」という構図になっています。この方向性が続く間は当面、円高・ドル安の圧力が続くとみられますが、FRBの金融緩和の度合いと日銀の金融引き締めの度合いの差がどう出てくるかで、ドル円相場の水準も決まってくるでしょう。

マイナス金利解除で株価はどうなる？

　日銀のマイナス金利解除、その後の利上げへと金融政策の正常化の道を辿ることで、国内金利は上昇圧力の高まりが予想されます。金利と株価の関係はシーソーのような関係です。金利が上がれば株価は下落圧力が強まることになります。

　過去の利上げ局面を振り返ると、直近では2006年3月の量的緩和解除とそれに続く2回の利上げがありました。この時の金利と株価の関係はシーソーのように金利が上がり、株価が下落する結果となりました。日本の長期金利は量的緩和解除が決まった06年3月9日の1.6%から3カ月後には1.845%に上昇。一方、日経平均株価は1万6036円から約8%安の1万4750円まで下げました。

　24年7月の利上げ局面では、株価は06年よりも短期間で大きな反応をみせました。日銀が0.25%の利上げを決めた24年7月31日こそ日経平均は575円高となりましたが、その後の3営業日で7643円（19.5%）下げる大暴落となり、同年8月5日に日経平均は4451円安と、過去最大の下げ幅を記録しました。

　日銀が金融政策の正常化を今後も進めるなら、株式市場はさらなる混乱が起きるかもしれません。いずれにせよ、今後の日米金融政策には目が離せません。

8

　全体的に見ると利上げは株価にネガティブな影響が多いとされます。日銀の利上げで為替が円高方向に振れれば、自動車などの輸出関連株や電機・半導体など海外売上高の多いハイテク関連株には株価の下押し圧力が意識されそうです。

　ただ、すべての業種にネガティブではありません。金利上昇で貸出金利の利ざや拡大が見込まれる銀行株や運用環境の改善が期待される生損保株には恩恵がありそうです。円高圧力が強まれば、原材料の仕入れコスト低下が見込まれる小売りや食品なども円高メリット業種として株価にプラスに働く可能性があります。

　いずれにしても、日銀の金融政策の転換は久しぶりとあって、株式投資においては為替動向も見極めながら、慎重な銘柄選択が必要になるでしょう。

253

3 インフレが起きるとどうなるの？

日銀が利上げしたということは、物価が上がっているってことか。物価が上がるときは、投資はするべきなの？

そうだね。物価が継続的に上がる現象をインフレと呼ぶけれど、インフレ時には資産を現金のまま持っていると損するかもよ！

インフレリスクとは？

　モノやサービスの価格（物価）が継続的に上昇する経済現象のことを「**インフレーション（インフレ）**」と呼び、インフレの影響を受けることを「**インフレリスク**」と言います。資産運用の世界では、インフレリスクは投資した金融商品の利率に比べてインフレ率（物価上昇率）の方が高い場合に生じます。

　金融商品（金融資産）には、預貯金や株式、債券、投資信託などいろいろな種類があります。それぞれにリスクとリターンが異なりますが、それらはインフレに強いとされる金融商品とインフレに弱い金融商品があるとされます。

　預貯金を例に見てみましょう。預貯金は一般的にインフレリスクに弱い金融商品と言われています。

　例えば、期間1年で金利が2％の定期預金があったとします。100万円預ければ、1年後には102万円になります。一方、物価が上昇しておりこの時のインフレ率が4％だった場合、1年前に100万円で買えたモノが1年後には104万円に値上がりします。1年間運用して増えた金額では欲しかったモノを買うことができないことを意味します。

　このように、金利によって投資額が増えても、物価がそれ以上に上昇していれば、お金の価値が下がり、結果的に購買力が低下することになるのです。将来のインフ

レ率がどれくらいになるかは予測できません。そのため、予め利率などが決まって固定されている定期預金などの金融商品はインフレリスクに弱い商品と言うことができます。

インフレに弱いとされる金融商品（金融資産）には、現金や預貯金、保険や年金、国債や社債などが挙げられます。現金は物価が上がっても100万円は100万円のまま価値は上がらないためインフレに最も弱い資産といえます。保険や国債などは予め利率が決まっている商品の場合、インフレで将来受け取る金額が目減りしてしまう可能性があり、インフレに弱いとされます。

半面、インフレに強いとされる金融商品（金融資産）には、株式や株式投資信託のほか、不動産や金といった実物資産、外貨建て資産などがあります。インフレ下では物価の上昇とともに資産価値も上昇しやすい傾向があるため、金融資産や実物資産などはその恩恵を受けやすく、インフレに強いとされています。日本円の価値が低下している場合には外貨建て資産の保有も有効です。

▼インフレに強いとされる主な資産・弱いとされる主な資産

インフレに強い資産	⇒	①株式や株式投資信託 ②不動産や金などの実物資産 ③外貨建て資産
インフレに弱い資産	⇒	①現金や預貯金 ②保険（長期・定額）や年金 ③国債や社債（固定金利型）

インフレと株価の関係は？

株式や株式投資信託は一般的にインフレに強い資産とされています。

株価の決定要因の一つは企業業績です。「良いインフレ」と呼ばれる景気の拡大を伴うインフレの場合、モノやサービスを売る企業はその物価上昇分を販売価格に転嫁することが難しくありません。販売価格を引き上げても消費意欲が衰えず、販売数量も落ちないため、企業の売上高（販売数量×販売単価）は増加し、それに伴う収益拡大を反映して株価も上昇しやすくなるという流れです。

また、インフレになると「お金の価値が下がる」ため、現金よりもモノで持つことが有利になると考えることができます。株式などの金融資産もモノの一種として投資妙味が高まり、株価にプラスに働くという側面もあります。

ただし、注意も必要です。それは「悪いインフレ」と呼ばれる景気と物価上昇の循環がうまく機能していない場合、つまり、物価上昇の局面で景気が横ばいだったり、低迷していたりするケースです。景気に力強さがないと、インフレで高騰した原材料などのコストを反映して販売価格を引き上げようとしても、消費意欲が高まらないためにコスト上昇分を価格に全て転嫁できなかったりする恐れがあります。仮に販売価格を引き上げても、それが販売数量の低迷を招くことになれば収益は悪化し、株価にはマイナスの影響を与える可能性が高くなります。

インフレと株価の関係をみる際には、そのインフレが「良いインフレ」なのか「悪いインフレ」なのかを見極める必要があります。

なお、株式市場においてインフレ下で投資妙味のある業種としては、一般的にエネルギー資源や素材といった原材料などを取り扱う「川上産業」に分類される業種・銘柄はインフレ耐性が強いとされています。この中でも、高い市場シェアを誇る企業や価格決定力の強い企業など、いわゆる業界をリードするトップ企業が注目されます。不動産や金など「実物資産」もインフレに強いとされるため、その関連銘柄も株式市場では注目されます。

スタグフレーションとは？

インフレにも「良いインフレ」と「悪いインフレ」があると説明しましたが、悪いインフレのことを「**スタグフレーション**」と呼ぶことがあります。

「スタグフレーション」とは、景気などの停滞を意味する「スタグネーション＝stagnation」と「インフレーション＝inflation」の合成語で、経済活動の停滞と物価の持続的な上昇が同時進行する経済現象のことを指しています。

景気が悪化すると需要は落ち込むため、通常なら景気停滞は物価の下落要因となります。しかし、原油や穀物など原材料の供給不足、またはその思惑による原材料価格の上昇などによって、景気が停滞局面にあるにもかかわらず物価上昇が続くことがあります。こうした状態をスタグフレーションというのです。

コロナ禍からの景気回復を模索する過程で2022年2月に起きたロシアによるウクライナ侵攻で、エネルギー資源や食糧などが供給不足に陥り、スタグフレーションへの懸念が世界的に台頭したのは記憶に新しいところです。

景気が悪くて賃金が上がらないのに、物価だけが上がると消費者にとってはダブルパンチです。こういった状況では企業業績も低迷することは避けられず、株価にとって大きなマイナス要因となります。

▼物価に関する主な経済現象

用語	説明
インフレーション	モノやサービスの価格（物価）が継続的に上昇すること。景気の拡大を伴うインフレを「良いインフレ」、景気低迷下のインフレを「悪いインフレ」と呼ぶ
デフレーション	モノやサービスの価格（物価）が継続的に下落すること。日本経済は長らくデフレ経済に悩まされてきた
スタグフレーション	経済活動の停滞と物価の持続的な上昇が同時進行する経済現象のこと。停滞を意味する「スタグネーション＝stagnation」と「インフレーション＝inflation」の合成語

　スタグフレーションは、国民経済の安定的かつ持続的成長へのかじ取りを担う中央銀行の金融政策にも影響を及ぼします。景気が悪化した場合、中央銀行は通常、景気浮揚を狙って利下げなどの金融緩和政策を実施します。しかし、スタグフレーションの環境下では、さらなる物価上昇につながりかねない金融緩和を実施するのが困難になるジレンマに陥ります。景気回復ではなくインフレ抑制を優先せざるを得なくなれば、景気や企業業績の一段の悪化を招く恐れが出てきます。景気浮揚のための有効な政策手段となるはずの金融緩和政策も採りにくくなるのが、スタグフレーションのやっかいなところなのです。

8

あとがき

　本書を手に取っていただき、ありがとうございます。これまでプロ向けに金融・投資情報を提供してきたQUICKとして、個人投資家の投資・資産運用を直接お手伝いしたいとの思いから生まれたサイトがQUICK Money Worldであり、本書となります。

　投資の基本的な考え方から、各金融商品の詳細、株式市場の仕組みや企業分析の基本、そして金融政策と株式市場の関係性など、多岐にわたる内容を本書では解説しました。本書を通読し、最終章までの内容が理解できるようになれば、テレビや新聞で報道される経済ニュースの見え方が変わってくると思います。自分の資産に影響を与える情報として、「自分事」のように捉えることができるのではないでしょうか。

　投資を始める前に本書すべてを読んで、理解しなければならないわけではありません。投資を始めれば、様々な疑問や不安が出てきますので、その際の辞書代わりにもお使いいただけると幸いです。

　また、本書に盛り込めない日々の市場の変化については、ぜひQUICK Money Worldをご閲覧ください。

　読者の皆様にとって、本書が投資・資産運用の指針の一つとなることを願います。

QUICK Money World

索引

■数字・アルファベット

20万円ルール	229
5%ルール	114

【A】
ADR	243

【B】
BPS	136, 163

【E】
EDINET	128
EPS	135, 158
ESG	99
ETF	59

【F】
Fedウォッチ	248
FOMC	248
FRB	246
FX	73

【I】
IPO	106

【M】
MBO	238

【P】
PBR	163
PER	158
PTS	87

【Q】
QUICK	2
QUICK Money World	2
QUICKコンセンサス	180
QUICKレーティング	180

【R】
REIT	61
ROE	165

【S】
S&P500種株価指数	123
Special Quotation	72
SQ	72

【T】
TDnet	128
TOB	235
TOPIX	122

【V】
VIX指数	125

■五十音

【あ】
アクティビスト	115
アクティブ運用	55
アセットアロケーション	26
アノマリー	93
暗号資産	68

【い】
異次元緩和	250
一般口座	227
移動平均線	189
インカムゲイン	39
インサイダー取引	231
陰線	185
インデックス	55
インフレーション（インフレ）	21, 246, 254
インフレリスク	254

【う】
上ヒゲ	184
売り出し	113
売り建玉	71
売り持ち高	71
運用指標	55

【お】
大引け	86
押し目買い	200
オプション取引	70
終値	86

【か】
外国株式取引口座	240
解散価値	136, 163
買い建玉	71
買い持ち高	71
価格優先	86
学資保険	66
格付け	47
確定申告	225
仮想通貨	68

カタリスト	174
株価	37
株価収益率	158
株価純資産倍率	163
株式	36
株式益回り	160
株式会社	36
株式市場	37
株主	36
株主資本コスト	164
株主総会	118
株主優待	39, 152
株主割当増資	110
下方修正	146
空売り	102
為替ヘッジ	80
為替変動リスク	20, 46
簡易申告口座	227

【き】

機関投資家	95
議決権	37
期待リターン	164
記念配	171
既発債	46
逆張り	97
キャッシュフロー計算書	136
キャピタルゲイン	38
共益権	120
業績	89, 127
業績予想修正	145
恐怖指数	125
金融政策	246
金利変動リスク	46

【く】

グランビルの法則	190
繰越控除	227
グロース株	175

【け】

決算情報	129
決算説明資料	140
決算短信	131
決定事実	129
源泉徴収ありの特定口座	227, 229
源泉徴収なしの特定口座	227, 228

減配	170
現物取引	101
権利落ち日	153
権利確定日	153
権利付最終 (売買) 日	153

【こ】

公共債	44
公募増資	110
コール・オプション	70
ゴールデンクロス	192
国債	45
午後立会	85
個人年金保険	66
午前立会	85
後場	85
コンセンサス	180

【さ】

債券	43
財務指標	165
債務不履行	20, 47
先物取引	70
差金決済	72
指値注文	41, 90

【し】

自益権	119
時間優先	86
自己株式取得	154
自己資本	164
自己資本比率	136, 167
自己資本利益率	165
資産運用	22
資産形成	22
資産保全	25
自社株買い	154
指数	55, 122
私設取引システム	87
下ヒゲ	184
四半期	132
シャープレシオ	57
社債	45
週足	184
重要事実	231
純資産	135
順張り	96

純利益	135
償還	43
償還日	43
消却	155
証券取引所	84
上方修正	146
情報受領者	232
申告分離課税	225
新発債	46
信用売り	102
信用取引	101
信用リスク	46

【す】

スタグフレーション	256
ストップ高	91
ストップ安	91
スワップ取引	72

【せ】

制限値幅	91
政策保有株	113
前場	85

【そ】

総合課税	225
増資	110
想定為替レート	150
増配	170
損益計算書	134
損益通算	226

【た】

第三者割当増資	110
貸借対照表	135
大量保有	114
大量保有報告書	114
ダウ工業株30種平均	123
短期投資	28

【ち】

地方債	45
長期投資	27
貯蓄性	64

【つ】

通期	132
月足	184
積み立て投資	29

【て】

低解約返戻金型終身保険	64
適時開示	128
テクニカル分析	184
デッドクロス	192
デフォルト	20, 47
デフレーション（デフレ）	246
デリバティブ	70

【と】

東京証券取引所	84
投資指標	165
投資信託（投信）	53
東証	84
東証株価指数	122
騰落レシオ	197
特殊決議	120
特定口座	227
特別決議	120
特別清算指数	72
ドルコスト平均法	29

【な】

ナスダック総合株価指数	123
成行注文	41,90

【に】

日経平均株価	122
日本銀行（日銀）	246, 250
任意開示	128

【ね】

年足	184

【は】

配当	152
配当利回り	169
始値	86
パッシブ運用	55
発生事実	129
初値	107
バリュー株	172
反対売買	72

【ひ】

日足	184
一株当たり純資産	163
一株あたり利益	158
標準偏差	195

261

ロックアップ 109

【ふ】

ファンド 54

ファンドラップ 66

複利 28

複利効果 28

普通決議 120

プット・オプション 70

フリーキャッシュフロー 137

分散投資 26

【へ】

米地区連銀経済報告 248

米連邦公開市場委員会 248

米連邦準備理事会 246

ベージュブック 248

ベンチマーク 55

【ほ】

法定開示 128

ポートフォリオ 27

ボリンジャーバンド 194

【ま】

マイナス金利政策 251

【み】

民間債 44

【む】

無配 170

【も】

戻り売り 200

物言う株主 115

【よ】

陽線 185

養老保険 65

寄り付き 86

【り】

利上げ 246

リート 61

利益率 135

リスク 18

リターン 18

リバランス 98

【れ】

レバレッジ 70, 103

【ろ】

老後2000万円問題 21

ローソク足 184

●編者紹介

株式会社QUICK

日本経済新聞社グループの金融・経済情報サービス会社。

金融業界をはじめ、事業会社、官公庁、地方自治体、個人投資家の方々まで、大切な意思
決定をサポートするために、公正・中立な立場から、時代を先取りするサービスを提供。

●著者紹介

辰巳 華世（たつみ　はなよ）

2003年にQUICKに入社後、15年間勤務。約5年にわたり日本経済新聞社、日経
QUICKニュース社（NQN）にて記者職に就く。QUICK退社後、フリーランスライターと
して2020年より「QUICK Money World」に寄稿。

荒木 朋（あらき　とも）

1998年にQUICKに入社。2003年から11年間、日本経済新聞社、日経QUICKニュー
ス社（NQN）で記者職に就く。06〜09年にNQNニューヨーク支局に駐在。18〜20
年はQUICKロンドン支店に赴任。08年のリーマンショック、20年のBrexitはいずれも
現地で取材した。QUICK退社後、ボクシングトレーナーとして働く傍ら、21年から「QUICK
Money World」に寄稿。

片岡 奈美（かたおか　なみ）

メーカー勤務を経て、2010年に日経QUICKニュース社（NQN）に入社後、日本経済新聞社・
NQNにて記者職に就く。首相官邸や省庁の記者クラブ、兜クラブなどから、政治経済ニュー
スの速報に携わる。国債や社債など金利関連の分野に強み。21年春に「小1の壁」に直
面して退社後、フリーランスライターとして22年から「QUICK Money World」に寄稿。

吉田 晃宗（よしだ　あきとし）

2007年にQUICKに入社後、約5年にわたり日本経済新聞社、日経QUICKニュース
社（NQN）にて記者職に就く。14年よりQUICKの個人投資家向け情報サイト「QUICK
Money World」の担当として企画・編集・運営に携わる。24年8月にQUICKを退社。
早稲田大学経営管理研究科（MBA・ファイナンス専修）修了。

カバーデザイン・イラスト　mammoth.

投資のツボとコツが
ゼッタイにわかる本

| 発行日 | 2024年11月25日 | 第1版第1刷 |

編　者　株式会社QUICK
著　者　辰巳　華世／荒木　朋／片岡　奈美／
　　　　吉田　晃宗

発行者　斉藤　和邦
発行所　株式会社秀和システム
　　　　〒135-0016
　　　　東京都江東区東陽2-4-2　新宮ビル2F
　　　　Tel 03-6264-3105（販売）Fax 03-6264-3094
印刷所　三松堂印刷株式会社　　　Printed in Japan
ISBN978-4-7980-7320-0 C0033

定価はカバーに表示してあります。
乱丁本・落丁本はお取りかえいたします。
本書に関するご質問については、ご質問の内容と住所、氏名、
電話番号を明記のうえ、当社編集部宛FAXまたは書面にてお送
りください。お電話によるご質問は受け付けておりませんので
あらかじめご了承ください。